A Door to the Future

来への
-ビラ
ile No.007

世界の美しさをひとつでも多く見つけたい

石井光太
Kota Ishii

ポプラ選書

カバー装画　ふすい
カバーデザイン　bookwall

ポプラ選書版まえがき

——世界がひっくり返るほどの感動や衝撃《しょうげき》を受けたからこそ、命をかけて人につたえたい。

かれこれ二十年近く、私は世界を歩き回り、そこで起きていることを記録し、本にしてきました。そんな私が仕事をする中で常に思っているのが、冒頭《ぼうとう》のことです。

みなさんは、ノンフィクション作家という職業を知っていますか。

小説（フィクション）は頭で想像してつくられた物語ですが、ノンフィクションは現実に起きた物語です。

新聞やテレビの世界ではジャーナリズムとかドキュメンタリーと呼ばれますが、ノンフィクションの特徴《とくちょう》は一つの出来事に長い時間かかわって、現地の人々と苦楽を共にしたことを「本」にして世の中に残すことです。ニュースは一度流れて消えてしまいますが、本は著者の作品として何十年、いや時には何百年も残ります。

ノンフィクションが描《えが》くのは、戦争、災害、事件、政治、経済、人物、歴史、スポーツ、仕事、芸能、文化などです。現実のことであれば何でもテーマにしていいのです。自分が一番見たいと思うところへ行き、知りたいと思うことを尋《たず》ね、書きたいと思うことを書くことができます。

その中でも、私自身はどちらかといえば、過酷《かこく》な現場へ行ってきました。途上《とじょう》国のスラム、大災害の現場、社会を揺《ゆ》るがせた事件の現場、紛争《ふんそう》が起きている地域などを舞台《ぶたい》にして本を書いてきたのです。

みなさんは、「なんで、そんなにつらいだけの場所へわざわざ行くのか」と思うかもしれません。

もちろん、そこには悲しいことや、途方《とほう》に暮れることがあります。しかし、私は「悲劇だけ」しか起こらないという場所に行ったことはありません。どんなにつらいことがあっても、人がそこで生きているかぎり、その過酷な現実をはね返そうとする人々のエネルギーを感じ取ることができるのです。

たとえば、スリランカという国で内戦が行われていた時、難民キャンプの取材をしていたことがありました。爆弾《ばくだん》が破裂《はれつ》する度に地面が揺れて、人々は明日食べるものにも困っていました。道には地雷《じらい》が埋《う》められ、建物の多くは砲弾《ほうだん》で破壊《はかい》されてしまっています。病院では日常的に人々が栄養不良や戦争の怪我《けが》で命を落としていました。

しかし、男女が結婚《けっこん》をする時はそんな光景が一変しました。難民キャンプで結婚式があると、見ず知らずの人たちがなけなしのご飯を持ってきてごちそうをつくってあげます。みんなで手製の飾《かざ》りつけをし、馬車に乗って行進して、子供から大人までもがその後をついて歌って踊る。その時だけは不思議なことに銃声《じゅうせい》がピタリと止《や》むのです。

なんでこんなことが起こるのだろう。そう思って難民キャンプの人に尋ねてみたところ、こんな答えが返ってきました。

「だって、結婚はおめでたいことじゃないか。子供が生まれて希望を持って育てば、きっとこの国はよくなる。だから、みんなお祝いするんだよ」

戦火の難民キャンプにあって、結婚や出産は希望の光だったのでしょう。結婚式は時として紛争をも止める力を持っているのです。

もちろん、私はノンフィクション作家として現地に赴《おもむ》くからには、紛争の惨劇《さんげき》をきちんと書き留めます。しかし、ノンフィクションのいいところは、それだけでなく、現場にあることすべてを自分で見つけて書くことができる点です。

新聞やテレビといったジャーナリズムであれば、「事故が起きました。10名が亡くなりました」という情報をつたえて終わる場合が大半です。でも、ノンフィクションは大きな事故が起きていることを踏《ふ》まえた上で、そこで生きている人々がどんな希望を持って生きているかという「ドラマ」を描くことができるのです。

たとえば、新聞記事やニュースでは「タイタニック号が1912年4月15日に沈没《ちんぼつ》しました」という情報だけをつたえます。しかし、ノンフィクションはタイタニック号の乗客が船の上でどれだけ素敵《すてき》な恋愛《れんあい》をして、海を見ながらどんな夢を語り合い、事故の後に沈《しず》みゆく船の中でいかに励《はげ》まし合ったかといったドラマを描けるのです。

ここでいうドラマとは、「人間の美しさ」と言い換《か》えることができると思っています。

現場に足を運ぶと、悲しい出来事があるのはたしかですが、同時に極限状況《じょうきょう》におかれた人たちは、私たちには想像もつかないやさしさに満ちた言葉を発したり、エネルギーに満ちた行動をしたりすることがあります。

これを目にした時、私は人間の持つ可能性に圧倒《あっとう》されます。人の言葉がどれだけ人をつよく支えるのか、生きようとする人のエネルギーはどれだけ大きいものなのか。そのことに世界が変わるほどの感動を覚えるのです。

このドラマは、実際にその場に居合わせたり、当事者に会って話を聞いたりしなければわかりません。私が現場に向かうのは、そのためです。

現地で起きているドラマを目にし、心を震《ふる》わせ、ペン一本で何万人、何十万人の読者にそれをつたえる。その作品がさらなる感動を呼び起こして世の中に広がっていく。これがノンフィクションの仕事なのです。

私は、ノンフィクションほどやりがいがあり、素晴《すば》らしい職業はないと信じています。だからこそ、みなさんにノンフィクションという仕事を通じて得た体験や感動をおつたえしたいと思っています。

この本を読めば、私たちがニュースや記事で目にしている現場がかならずしも悲しいことだけではないことがわかるでしょう。そこにまったく思ってもみなかったドラマがあったことを知り、この世界に生きていてよかったと感じるはずです。

それでは、そろそろノンフィクションという仕事を通して、世界に散らばっているドラマを紹介《しょうかい》していきましょう。本書を読み終わった時、みなさんが自分も世界を見てみたいと思うようになっていただければ嬉《うれ》しいです。

2018年12月

石井光太

プロローグ

――世界がひっくり返るほどの感動をしたからこそ、なんとしてでも人にそれを伝えたい。

私は毎月のように国内外様々な場所へ赴《おもむ》き、現地で生きる多くの人の話を聞いて、それを本にまとめています。

向かう先は途上《とじょう》国のスラムもあれば、被災《ひさい》地の遺体安置所もありますし、殺人事件の現場もあります。何かが起きた数時間後には、誰《だれ》にも言わずに新幹線で現地に向かっていることも珍《めずら》しくありません。

よくその原動力は何かと質問されますが、ためらいもなく答えるのが冒頭《ぼうとう》の言葉なのです。つまり、現場で自分が心を揺《ゆ》り動かされたからこそ、それをどうしても人に伝えたいという衝動《しょうどう》が沸《わ》き起こる。

それがエネルギーの源なのです。

何も不思議なことではないでしょう。全身が震《ふる》えるような感動を体験すれば、人は誰かに伝達したいと思うものです。

みなさんも本や映画を見て感動したら友達に勧《すす》めたくなりますよね？　あるいは、婚約《こんやく》したり、赤ちゃんを出産したりすれば友人や親戚《しんせき》に知らせたくなるはずです。

人は悲しみを胸にとどめておくことはできますが、感動は心の中でどんどん膨《ふく》れ上がるものであり、人に伝えずにはいられなくなるのです。特に心が大きく揺さぶられれば揺さぶられるほど、誰かとその思いを共有したいという衝動に駆《か》られる。

私にとってルポルタージュとは、まさにそのようなものです。

とにかく現地に足を運んで歩き回ることで、人生観が一変するような感動を見つけ出す。そうした感動に巡《めぐ》り合うことができれば、一人でも多くの人にそれを知ってほしいという気持ちになり、さらに無我夢中で多くの人の話を聞いたり、ものを調べたりして、本を書き上げるのです。

とはいえ、人に伝えるというのは、ただ見聞きしたことを話せばいいだけではありません。普通《ふつう》の人が、感動した出来事を日記に書いたりホームビデオに収めたりしてもなかなかわかってもらえないのと同じで、文章芸術というレベルにまで昇華《しょうか》させなければ、相手に感じ取ってもらうことはできないのです。

これが執筆《しっぴつ》と呼ばれる作業になります。体験したことを文芸作品として完成させることで、自分が驚《おどろ》いたこと、涙《なみだ》を流したこと、怒《いか》りを覚えたことを、感覚としてわかってもらえるようにしなければならないのです。つまり、感動してもらわなければならない。

作品がしっかりと目的を果たせば、感動は一人歩きしていきます。もし読者が本を通して心が揺り動かされれば、その人もまた親しい人たちに作品の素晴らしさを教えたいと思い、家族、友達、同僚《どうりょう》に勧めます。それをきっかけに彼《かれ》らが作品を手に取って同じように感動すれば、さらにまた別の人へ勧める。そうやって私が現地で体験した感動は水上の波紋《はもん》のように世の中に広がっていくのです。

「ルポルタージュほど素晴らしい仕事はない」

常日頃《つねひごろ》私はそう公言していますが、理由はまさにこれです。

自分自身がもっとも心を突《つ》き動かされたことを人に伝え、人もまた同じように感銘《かんめい》を受けてさらに別の人へと広げていく。そのくり返しが世界をどんどん豊かにする。

これほどやりがいのある仕事は他にないのではないでしょうか。


とはいえ、私が手掛《てが》けているルポルタージュというものは、テレビでよく見かけるような定番の感動物語ではありません。たとえば、「迷子の犬が一年後奇跡《きせき》的に飼い主の元にもどってきた」とか「病気の高校生ががんばって甲子園に出場した」といった題材ではないのです。

　では、どういうものを描《えが》いているのか。

　私が二十代の時に最初に出した本は『物乞《こ》う仏陀《ぶっだ》』（文春文庫）という本でした。これはアジア各国のスラムや路上で寝泊《ねと》まりし、そこで暮らしている障害者や物乞《ものご》いたちと一緒《いっしょ》に暮らして、彼らの生活を内面から描いていくというルポルタージュです。

　路上で物乞いをしている地雷《じらい》で足を失った元兵士、マフィアによって手足を切断されて物乞いをさせられているストリートチルドレン。そんな人たちが織りなす人生ドラマが描かれています。

　他の作品においても、一般《いっぱん》に危険だとかつらいといわれる場所が舞台《ぶたい》となっています。二作目の『神の棄《す》てた裸体《らたい》――イスラームの夜を歩く』（新潮文庫）はイスラーム世界の性や売春を題材にしたルポルタージュでしたし、近年出した『遺体――震災《しんさい》、津波《つなみ》の果てに』（新潮文庫）は東日本大震災の直後に岩手《いわて》県釜石《かまいし》市に設置された遺体安置所で働く人々に光を当てた作品です。いわゆる、日本の日常で生活をしている限りはほとんど接することのない、極限の世界で生きる人々のドラマを描いているのです。

　みなさんの中にはこう考える方もいらっしゃるのではないでしょうか。

「そんな悲しい場所へ行ったところで、つらいだけではないですか。そもそもそんなところに感動するものなどあるのでしょうか」

面と向かってそう訊《き》かれることも少なくありません。

たしかにそういう見方もできるでしょう。アジアの路上で物乞いをする障害者は生きるか死ぬかの貧しさに直面していますし、遺体安置所に百体以上もの遺体が並ぶ光景は想像を絶する悲惨《ひさん》さです。

しかし、それはあくまで決まりきった角度からのみ現実を見ているからなのです。ここではっきりと申し上げておきたいのが、現実はかならず多面性を持っているということです。

一つの出来事にも、様々な面がある。一つの側面から見れば直視に堪《た》えないほど悲惨な光景であっても、別の面には愛おしくて涙を流したくなるような光景があったりするのです。

どういうことでしょうか。一つ例を挙げてみましょう。

インドのコルカタという町にいた時のことです。この町には数万人の人が路上で寝起きしているといわれています。日本全国のホームレスを合わせた数の何倍もの路上生活者が一つの町で暮らしているのです。

この中の一人に、マドゥという六十代の女性がいました。彼女《かのじょ》はずいぶん前から体調を崩《くず》しており、病院で調べてもらったところ、手術をしなければ数カ月で死んでしまうと告げられました。

ですが、路上で暮らすマドゥには手術費用などありません。保険にも入っていなければ、国が高額な手術費を負担してくれることもないのです。コルカタの夏は、気温が四十度を優に上回り、すさまじい湿気《しっけ》が町を覆《おお》いつくします。彼女は路上にゴザを敷《し》いて横たわり、骨と皮ばかりに痩《や》せ細って死を待っていました。

私が彼女を知ったのはそんなある日のことでした。コルカタの路上生活者のことを調べていた際に偶然《ぐうぜん》出会ったのです。彼女はもうほとんどしゃべることすらできない状態で、一瞥《いちべつ》しただけでは生きているのか死んでいるのかさえわかりませんでした。

貧しい国では、お金がないとこんなふうに死んでいかなければならないのか。

私は路上生活者の不幸な境遇《きょうぐう》を目にしてやりきれない思いに囚《とら》われました。路上には絶望だけが広がっていると感じました。

しかし、毎日のようにマドゥのところへ行っているうちに、彼女の元に男性が一人、毎日会いに来ていることがわかりました。路上の薬草売りです。路上生活者はお金がなく、薬が買えません。彼はそんな人たちに雑草をすりつぶしただけの薬草を売ったり、物々交《こう》換《かん》をしたりして暮らしていたのです。

最初、私はこの薬草売りが瀕死《ひんし》のマドゥをだまして金を取ろうとしているのだと疑っていました。ですが、薬草売りはマドゥからお金をもらうことはしていませんでした。それどころか、無償《むしょう》で薬草をあげていた。

彼はマドゥに対してこう言っていました。

「この薬草を飲めば治りますからね。お金は要りません。その代わり、もし病気が治ったらご飯でもご馳走《ちそう》してください。温かいナンを甘いチャイで一緒に食べたいですね」

彼は薬草を与《あた》えるだけでなく、下の世話をしてあげたり、手を握《にぎ》りしめて歌をうたって聞かせてあげたりしていました。マドゥも彼が一日一回やって来るのを楽しみにしている様子でした。元気な時には、薬草売りがうたう歌を一緒になって口ずさんだこともありました。

印象に残っているのは、お祭りの日のことです。薬草売りは、首から花輪を下げて知り合いのストリートチルドレンたちとともにやって来ました。そしてストリートチルドレンたちにマドゥの前で流行《はや》っている映画の主題歌を熱唱させ、自分はまるで俳優のように踊《おど》ってみせたのです。

この日のマドゥは意識がはっきりしていたこともあり、嬉《うれ》しそうに涙ぐんで踊りを見つづけていました。私はその場にいあわせて、マドゥにとって薬草売りは死の恐怖《きょうふ》と孤独《こどく》を埋《う》めてくれる存在なのだなと思いました。家もなければ、手術費用もない彼女にとって、薬草売りは自分を支えてくれる存在だったのです。

数日後、マドゥは静かに息を引き取りました。その半日前から薬草売りがやって来て彼女の手を握りしめていました。近くの路上生活者がマドゥが瀕死の状態に陥《おちい》っているのに気づいて彼を呼んだのです。亡くなったマドゥはやつれてはいましたが、安らかな顔でした。

後日、私はこの薬草売りに会ってこう尋《たず》ねました。なぜマドゥが死ぬまで世話をしつづけたのですか、と。彼自身、路上生活をしており、他人にかまっている余裕《よゆう》などなかったはずだからです。

薬草売りは私の質問にこう答えました。

「私は薬売りだ。薬売りは、病気の人の苦しみを和らげるためにいるものだ。ただし人はいずれ死ぬし、薬ですべての病気を治せるわけではない。もし治せないのならば、手を握って励《はげ》ましてあげればいい。そうすれば苦しみは和らぐから」

彼の真っ直《す》ぐな言葉が、私の胸に突き刺《さ》さりました。

それまで私は路上で死んでいくマドゥを不幸でかわいそうな女性という目線で見ていま

した。しかし、それは現実の一面でしかありません。別の側面から見れば、彼女は薬草売りの男性に手をつないで歌をうたってもらいながら安らかに逝《い》ったと考えることができるのです。

薬草売りはこうも言っていました。

「この町の路上で暮らしていたら、なかなか医者の助けを得ることはできない。だから、一人ひとりが仲良く励まし合っていけたらいいと思う。私自身も、死が差し迫《せま》ったら、そうしてもらいたいから」

これは路上の良心とでも呼べるものでしょう。路上で暮らす人々は政治や権力から見放されているからこそ、良心で支え合っているのです。

私はそのことを誰かに伝えたいと思い、『絶対貧困――世界リアル貧困学講義』（新潮文庫）という本に書き記しました。そうすることで、多くの人に知ってもらうことができたのです。

以上が私のインドのコルカタでの体験です。このことから言いたいのは、現実をどう見るかによって、感じることがまったく違《ちが》うということです。

もし「病院で治療《ちりょう》を受けられない貧しい路上生活者が道端《みちばた》で死んでいった」という目線

で見れば、とてもつらいことです。私自身、悲しみこそ感じるものの、「これを本にして人に伝えたい」とは思わないかもしれません。

でも現実にはかならずしも一面しかないわけではないのです。実際にその現場に足を運んで一部始終を見れば、いろんな面があることがわかります。

マドゥの場合であれば、「薬草売りが必死になって励まして安らかに最期を迎《むか》えた路上生活の女性」という面も見えてくるのです。そして、こうした面からマドゥの最期を考えれば、彼女は路上に生きる人々の良心に囲まれて幸せに逝くことができたということがわかるでしょう。

では、マドゥの死を間近で見た時、私は前者の視点と後者の視点のどちらに心を揺さぶられるか。いうまでもなく、後者です。薬草売りが最期までマドゥの手を握って励ます姿と、マドゥの安らかな死に顔に感動し、なんとか人に伝えたいと思った。そこにこそ、私たちが目を向けなければならない大切なことがあると直感的に確信した。だから活字にしようと思ったのです。

先にも書いたように、たしかに私は一見すると「過酷《かこく》な現場」へ赴いて、そこで見聞きしたことを描いています。ともすれば、「人々の過酷な生活を描くルポルタージュ」「世界の壮絶《そうぜつ》なドキュメンタリー」などといわれることがあります。でも、私は過酷さを見たいわけでも、壮絶さを見たいわけでもありません。あえていえば、そこにある「人間の美しさ」に出会って感動したいだけなのです。

では、なぜ過酷で壮絶だったりする現場に赴くのか。

それは過酷な現場であればあるほど、「人間の美しさ」が見やすいからです。良心、善意、優しさ、強さといったものです。暗い場所であればあるほど、光はより明るく輝《かがや》きますよね。それと同じで、悲しくてつらい世界だからこそ、人のやさしさやたくましさがより鮮明《せんめい》に浮き上がるのです。

たとえば、マドゥと薬草売りの関係が、ニューヨークの高級な私立病院の個室でくり広げられるお金持ちの病人と専属看護師のそれだったらどうでしょうか。

高級病院の専属看護師は、コルカタの薬草売り同様にお金持ちの病人を必死に励まそうとしているかもしれません。しかし「高額なお給料をもらっている」「最新の医療《いりょう》を受けている」という事実があることで、専属看護師の善意は見えにくくなります。

一方で、コルカタの路上では人間が裸《はだか》同然でうごめくように生きています。良いか悪いかは別にして、余計なものが一切ないからこそ、薬草売りのマドゥに対する善意がはっきりと目に見えるし、それが泣きたくなるほど温かな行為《こうい》として感じられる。そして、薬草売りとしての美しさが鮮明に浮き上がるのです。

私は先ほど「人生観が一変するような感動を見つけ出したい」というようなことを書きました。過酷な現場へ向かうのは、まさにそのためなのです。厳しい状況《じょうきょう》の方が人間の美しさがより輝いて見えるのであれば、必然的に向かう先もそこになります。つまり過酷な現場を見たいから行くのではなく、より多くの人間の輝きを発見できるからこそ赴くのです。

もしかしたら、ここまで読んだみなさんは、いくつかの疑問を抱《いだ》いたかもしれません。

――そもそも、なぜあなたはそこまで「人間の美しさ」を求めるのですか？

「人間の美しさ」とは具体的にどのようなものですか？

――なぜそこまでして「人間の美しさ」を描かなければならないのですか？

――「人間の美しさ」を見るにはどうすればいいのですか？

本書で描こうとしているのは、こうしたことについてです。

私は学生時代に作家になることを目指し、処女作を出してから十年近く今の仕事をつづけてきましたが、その心を突き動かしていたのは一貫《いっかん》して「人間の美しさを見たい」という衝動でした。

しかし、最初からこれを認識していたわけではありません。自分でも無我夢中で一から十まで手探りでやってきました。その結果、途中《とちゅう》で様々な回り道をしたり、経験をしたりしたことで、自分が目指していたのがそういうことだったのだと認識できるようになったのです。

本書では私自身の経験を追いながら、現場へ赴いて感動して作品を著すとはどういうことか、そして社会にとって本当に大切な「人間の美しさ」を見つけるにはどうすればいいのかということについて書いていきたいと思います。

私は多くの場合、過酷な現場でそれを見てきましたが、方法さえ身につければ、日本の日常の中でも「人間の美しさ」を見出《みいだ》せます。他者や社会を肯定《こうてい》したり受け取めたりすることができる。そうすれば、世の中は私たちが思っているより何倍も豊かになり、輝かしいものになるはずです。

本書を通して、みなさんが日常の中で出会う一つひとつの光景から「人間の美しさ」を見出し、素直に感動し、それを人に勧められるようになってくれたら。そんな願いを込《こ》めながら本書を書きはじめたいと思います。

世界の美しさをひとつでも多く見つけたい／目次

第3章 小さな神様の発見

第6章 感動の波紋

第1章

Episode1

私が作家になったわけ

舞台美術家の子供に生まれて

私が、なぜ「人間の美しさ」を探し求めるようになったかということからお話ししたいと思います。それには、私自身の人生をさかのぼって幼い頃《ころ》の経験から書いていかなくてはなりません。

物心ついた時から、私にとっての劣等感《れっとう》は、生まれ育った町でした。小学生の頃から、最寄りの駅の名称《めいしょう》を尋《たず》ねられても答えることができませんでした。かならず隣《となり》の駅名を言っていました。なんとしてでも知られてはならないというある種の強迫《きょうはく》観念があったのです。

こう書くと、被差別《ひさべつ》部落の出身なのかとか、極貧の家庭で育ったのかとか思われるかもしれません。実際、そういう出自をバネにして活躍《かつやく》する作家は、ドキュメンタリーの世界でも、他の芸術の世界でも少なからずいます。けれど、私の場合はむしろ正反対でした。東京の世田谷《せたがや》でも有数の高級住宅地で育ったからです。

小田急《おだきゅう》線の成城《せいじょう》学園前というのが、私の最寄り駅でした。私が生まれたのは、一九七七年。物心ついた頃には八〇年代の半ばにさしかかっており、まさに日本がバブルという名の好景気に沸《わ》いていた時期でした。

今ふり返ってみれば、私の家は特別にお金持ちだったわけではありませんが、一般《いっぱん》的な家庭と比べてみれば恵《めぐ》まれていたことは事実だと思います。

父の職業は、舞台《ぶたい》美術家でした。あまり聞き慣れない職業かもしれませんね。演劇、オペラ、バレエなどをご覧になった人はわかると思いますが、舞台にはセットが組まれています。シーンによってたくみに変わる舞台空間です。父は脚本《きゃくほん》を読み、そのセットを考え、デザインして図面を引くのが仕事です。それを舞台美術というのです（実際のセットはこの図面に基づいて大道具さん、小道具さんがつくってくれます）。

日本では舞台美術という仕事は、あまり広く認知されておらず、大学等で勉強することは難しかったようです。そこで父は日本の大学の法学部を卒業した後、イギリスのロンドンの大学院へ留学し、アルバイトで授業料と生活費を稼《かせ》ぎながら舞台美術を学びました。

それなりに苦学したようです。途中《とちゅう》で大学の同級生だった母が、勤めていた新聞社を辞めてロンドンの父の元へやって来て、アルバイトで生計を支えていたとか。大学院を卒業してから二人は結婚《けっこん》、その後ヨーロッパを回ってから日本に帰ってきて、東京のアパートで新婚生活をはじめました。

成城学園前に移り住んだのは、私がまだ幼稚園《ようちえん》に上がる前のことです。母親の実家がこの駅から徒歩ですぐのところにありました。もともとは昭和の初めの頃、曾祖母《そうそぼ》が祖父を成城小学校（現・成城学園）に通わせるために、学校の近くに土地を買って家を建てたそうです。戦前は田んぼや林が広がる郊外《こうがい》の土地だったといいます。

幸運にもこの土地が、今となってみればかなりの坪《つぼ》数がありました。そのため、私の両親はしばらく安アパートで暮らした後、実家の余っている土地を借りて、親からお金を借りて家を建てたのです。それが私が育った実家でした。

父は最初から舞台美術家として名が知られていたわけではありませんでした。日本にもどってきたばかりの頃は現在のＮＨＫの関連会で働いて生活費を稼ぎながら舞台美術の仕事をしており、仕事が入ってきて収入が増えたのは三十代の半ば頃からだったといいます。

ちなみに、我が家は三人兄弟。私が長男で、弟と妹がそれぞれ二歳違《さいちが》いでいます。父からすれば、それだけの子供をきちんと育てるためにも舞《ま》い込んでくる仕事を次々にこなさなければならなかったはずです。

私にとって当時の父のイメージは、朝から晩まで難しい顔をして仕事をしている人でした。夜遅《おそ》くに勤め先から帰ってくると、そのまま書斎《しょさい》に閉じこもって深夜まで図面を引いたり、舞台の模型をつくったり、脚本を読んだりしていました。書斎は四方を本棚《ほんだな》に囲まれ、世界中から集めた参考資料や専門書が並び、インクやら製図道具やらがいたるところに転がっていました。もちろん、休日なんてなく、土日も朝から晩まで書斎にこもりきりです。

このような家庭環境《かんきょう》でしたから、家のいたるところに演劇関係のものがあふれていましたね。普通《ふつう》の家にはありえないようなものも多く、中世のドレスが置かれていたり、モーツアルトがかぶっていたようなカツラが散乱していたり、時には怪《あや》しいゴシック風のカーテンが山積みにされていたりしました。脚本もそこらじゅうにつみ重ねられており、私もよく父に黙《だま》って一冊拝借し、ソファーにすわってペラペラとめくって読んだものです。

演劇関係者もしょっちゅう家に遊びに来ていました。父は休日に仕事仲間を家に招いて庭でバーベキューをするのが好きだったのですが、いかにも役者や演出家といった一風変わった人たちがやって来て、時には外国人もまざりながら酒を飲んで夜遅くまで演劇論を戦わせていました。まだまだ新進気鋭《きえい》と呼ばれていた頃ですから、どうにか演劇の世界を盛り上げて良いものをつくっていこうとしていたのでしょう。

覚えているのは、父のプロとしての姿勢です。夜中までバーベキューをしていれば、お開きになったらすぐに眠《ねむ》りにつきたくなるはずです。しかし、父はしゃべっている間も片時も仕事のことを忘れてはいませんでした。途中でさりげなく抜《ぬ》け出して書斎に入って図面を引いていたり、深夜にお客が帰った途端《とたん》に、後片づけを母に任せ、自分は洗面所で顔を洗って書斎にもどって遅くまで仕事をしたりしていました。

私は子供ながらにも、父の姿を見て、プロというのは二十四時間仕事のことを考えていなければいけないんだなと思い知らされました。これは後からわかるのですが、おおよそ芸術家と呼ばれる人には仕事時間なんてものはありません。寝《ね》ている間もずっと仕事のことを考えていなければ務まらないことなのです。それを幼い頃から父の背中を見て当然のこととして学べたことはとても大きかったと思っています。

こうした家庭環境が、私を芸術の世界に導いたのは事実でしょう。芸術が家計を支えていた家でしたから、両親は私がそういう世界に興味を示すことを大変喜びました。本や映画に必要なお金は毎月のお小遣《こづか》いとは別にいくらでもくれましたし、美術館なんかにも積極的に連れて行ってくれました。ゲームやラジコン遊びなんてほとんどせずに、本や映画三昧《ざんまい》の日々を過ごしたのは、家庭の中で芸術による感動が全面的に肯定《こうてい》されていたからでしょう。我が家ではそれが絶対的価値を持っていたのです。

たとえば、私が書店へ行って自分で選んだ本を買ってきたとします。この代金は、母にレシートを渡《わた》せば、そのぶんのお金は後から払《はら》ってもらうことになっています。そして、その本を読んで感動して母に話せば、それは父に伝わり、こういってもらえる。

「いい本を読んだらしいな。母さんが読んでみるというから、その後に読んでみるよ」

そして例の宴会《えんかい》などで演劇関係者が遊びに来ると、父はその人たちに対して自慢《じまん》するのです。

「光太は本を読む能力があるんですよ。先日も『××』という本を読んで感激したというから読んでみたら、これが実に面白い。これこれこういう内容なんだ」

父の友人たちも物語の世界に造詣《ぞうけい》が深い人たちばかりでしたから、話にどんどん食いついてくる。「同じ作者のこの本はどうだ」「あっちの本はどうだ」「あれをこういうふうにすれば劇になるんじゃないか」などという話にあっという間に発展していく。

私は自分の読んだ本の感想が、第一線で働く人たちの間で話がどんどん大きくなっていくことに感激していました。やがては、「この話を演劇にしてみたらどうか」とか「よし、脚本として書いてみよう」という話になるのですからさらに驚《おどろ》きです。自分が読んだ本の一部や発言したアイディアがそのまま演劇の一シーンになったり、セットになったりするのです。

当然私としてはここまで発展するなら、もっと読もうとか、もっと感想をいおうという気持ちになります。もちろん、下手なことはいえないという緊張《きんちょう》感も出てくる。そういう状況《じょうきょう》で読書や映画鑑賞《かんしょう》をつづけていったのです。

この頃、私はどういう本を読んだり、映画を観《み》たりしてきたのでしょうか。

最初は多くの人と同じでした。赤川次郎《あかがわじろう》さんのミステリだったり、吉川英治《よしかわえいじ》さんの歴史小説だったり、那須正幹《なすまさもと》さんの『ズッコケ三人組』（小社刊）シリーズだったり。映画であれば、スティーブン・スピルバーグ監督《かんとく》の作品や、トム・クルーズなど人気俳優が主演の映画でした。

読書家や映画愛好家を自称《じしょう》する人の中には、子供が好む有名な作品を小馬鹿《こばか》にするような人がいます。しかし、それは大きな間違《まちが》いで、メガヒットするものにはかならずもっともな理由があるものです。「より多くの人の感動を呼ぶ大切なもの」が潜《ひそ》んでいるのです。

私の父も、家に来ていた演劇の人たちもプロのつくり手でしたから、そうしたことをきちんと理解しており、子供だった私がスピルバーグの話を熱心にすると、しっかりとそれらの作品のどういうところがいいのかをプロの目で分析《ぶんせき》し、時には自分の仕事に活《い》かしました。

もちろん、私も中学、高校と年齢《ねんれい》が上がっていくと、一通りの人気作品を経て同級生があまり関心を寄せないような作品に熱中するようになります。大江健三郎《おおえけんざぶろう》、エミール・ゾラ、カルロス・フエンテス、今村昌平《いまむらしょうへい》、ヴィットリオ・デ・シーカなど評論家が好んで議論にあげるような作品に熱中するようになったのです。一般には、硬《かた》くて難しい作品といわれるものですね。

文学や映画好きの人によってはそこからさらに難解な作品に傾倒《けいとう》していって、最後は人が素直に理解しにくい作品世界をいいと考えるようになる人も少なくありません。それはそれで一つの道ですし、私も一時はそれがカッコイイと思う傾向《けいこう》にありました。

しかし、頭のどこかにそっちは自分が進む方向ではないという意識があった。一部の人にのみわかる難解なものではなく、子供から大人まで広い層に素直に受け入れられる作品こそ理想という意識が根底にあったのです。幼い頃にプロだった親からそうした感動を肯定してもらっていた経験があったり、赤川次郎やスピルバーグのような子供でも純粋《じゅんすい》に感動できる世界に憧れをもちつづけていたりしたからではないでしょうか。

ちなみに、恥《は》ずかしながら私は勉強はそこまで得意ではありませんでした。

両親は特に勉強について口を酸っぱくしていうタイプではありませんでした。もちろん、勉強しろとはいわれましたが、テストの点数が悪いことで長々と説教されるということはありませんでした。せいぜい「ちゃんと勉強しないと困るわよ」といわれるぐらい。それより、本を読んでいないとか作家の名前を知らないということの方が家では恥ずかしい気がしていました。

それで私は受験勉強に没頭《ぼっとう》するよりは、小説や映画など物語を読みふけったり、その歴史を勉強したりすることを選んでいたのです。美術館や博物館なんかにもよく行きました。物づくりをするという意味でいえば、非常にいい環境だったと思っています。

もっとも十年以上経《た》って親に「うちは勉強より芸術の教養の方が重要視されていた」といったところ、「そんなつもりはない。勉強してほしかった」といわれました。単なる勘《かん》違《ちが》いだったのです。私自身、高校生になって、世の中で何かを成し遂《と》げようとするのであれば、ある程度の学力はどうしても必要になるということに気づいて、遅《おく》ればせながら必死になって勉強をする羽目になるのですけど……。

私が作家と呼ばれるような仕事をしたいと考えだしたのは、いつの頃だったでしょう。正確に思い出せないということは、おそらく物心ついた時から「自分は何かをつくって生きていく人間になるのだ」と考えていたからだと思います。それでもつくる人っていいなと実感したのは、中学生の時に父親が手掛《てが》けていたオペラを観に行った時のことでした。

そのオペラは、モーツアルトの『魔笛《まてき》』でした。モーツアルトの死後二百年を記念してNHKが世界中の有名な指揮者や音楽家を集めて日本で大々的に公演を行ったのです。東京文化会館の大きなホールで、外国人たちが圧倒的な存在感と歌声でうたい上げます。

外国人が演じるので、セリフは舞台の横に設施された電子掲示板にテロップのように日本語で流れます。私はそんなセリフには目もくれず、舞台の演技と歌声にあっという間に引き込《こ》まれました。『魔笛』の見せ場の一つである「夜の女王」が出てきて高い声でうたい上げる場面はまさに圧倒《あっとう》的で、魂《たましい》を抜《ぬ》かれたように呆然《ぼうぜん》としました。

やがて幕が下りて、カーテンコール。劇場内は割れんばかりの拍手《はくしゅ》で、「ブラボー」という声がそこらじゅうで響《ひび》き渡ります。再び幕が開いた舞台の上には外国人の歌手さんたちが一列に並んで拍手に応じていたのですが、しばらくすると演出家などスタッフの人たちも誘《いざな》われるようにして舞台に出てきました。そこには舞台美術を担当した私の父の姿もありました。

観客席からの拍手が一段と大きくなります。歓声《かんせい》の中で、父がスタッフたちと頭を下げている。七三の髪型《かみがた》が崩《くず》れてハゲ頭があらわになりましたが、その顔はまぶしいほど輝《かがや》いていて格好よく見えました。中学生だった私はつい先ほどまで上演されていたオペラの感動と相まって、父の姿を見て、人に感動を呼び起こさせる仕事がどんなに素晴らしいものかを身に染みて感じたものです。

きっとこの頃からだったと思います。「自分が物をつくって生きていく人間になるのだ」「人を感動させる仕事につくのだ」と考えるようになったのは。

成城というトラウマ

さて、こうやって自分の幼い頃の体験を書いていると、私はある不安に苛《さいな》まれます。それはみなさんから次のように指摘《してき》されるかもしれないと思うからです。

「そんな恵まれた環境にあって本や映画に好き勝手触《ふ》れているなんて贅沢《ぜいたく》だ」

もちろん、私もそう思います。仕事でいろんな方に会って話を聞いていると、生まれながらにして大変な境遇《きょうぐう》で生きている人にたくさん出会います。うちは経済的に厳しくて本や映画なんて見させてもらえなかったという方がいるのも承知しています。それに比べると、私は非常に恵まれた少年時代を過ごしてきたといえます。

でも、私がそれをはっきりと自覚するようになったのは、高校を卒業して大人の仲間入りをするようになってからのことです。当時は一切そんなことは思ってもいませんでした。それは、成城という町がバブルの絶頂期を迎《むか》えていたことと無縁《むえん》ではなかったはずです。

一九八〇年代の半ばから後半にかけて、日本はこれまで体験したことがないほどの好景気に突入《とつにゅう》していました。特に、成城は都内でも有数の高級住宅地でした。今はまたちょっと違ってきていますが、当時この地域に一軒家を建てて暮らしていたのは、目の玉が飛び出るぐらいの年収がある家庭か、私の家族のようにもともとそこに土地を持っていて家を建てている家庭がほとんどでした。

ふり返ってみると、実家の近くにあった家にも、それこそバブルを象徴《しょうちょう》するような人たちがたくさん住んでいました。近隣《きんりん》住人だけ挙げても、「地上げの帝王《ていおう》」と呼ばれた億万長者、日本人なら誰《だれ》もが知っている有名アイドル歌手、日本屈指《くっし》の大企業《きぎょう》の社長などです。それが当たり前だと思っていましたが、今考えるとむしろ異常ですよね。

同級生の中にもそんな家庭の子供は少なからず交じっており、家に遊びに行ったら、シャンデリアが飾《かざ》られていて、エプロンをつけたお手伝いさんがケーキを出してくれるなんてことは珍《めずら》しくありません。総理大臣を親戚《しんせき》に持つ同級生もいれば、一カ月のお小遣いが五十万円という後輩《こうはい》もいました。

もちろん、同級生の全員がそうだったわけではありません。先ほども書いたように、こういう家庭がある一方で、昔から土地を持っていて住んでいる家庭もたくさんありました。公立の学校へ行っていたこともあり、どちらかといえば後者の子供の方が多かったのは事実です。ただ、この両者の間に途方《とほう》もない「格差」があったのです。

この格差は体験しない限りなかなか理解できません。たとえば年収五百万円と一千万円の家庭であれば、生活に関してそこまで歴然とした差はありません。「賃貸マンション、マイカーなし」と「マンションをローンで購入《こうにゅう》、国産の普通車あり」といった差でしょう。

しかし、一千五百万円と数億円となると生活は天と地ほども違います。「持ち家あり、安い外車」と「屋敷《やしき》と別荘数軒《けん》、運転手つきのロールスロイス、本人はテレビや新聞に出る有名人」となります。あの頃の成城の町には、そうした圧倒的な差があったのです。

こうした世界でくり広げられる光景は、時代のせいもありますが、「装飾《そうしょく》」に満ちたものでした。ある友人の家へ行ったらお父さんが赤いローブを着て現れて、先日買ったという猛獣《もうじゅう》の剝製《はくせい》を見せられて自慢されたり、夏休みに外国へ行ってパーティーで豚《ぶた》を一頭焼いて食べたという話を聞いたり……まるで漫画《まんが》の世界ですよね。学校の先生の中にも「あの子はどこそこの会社の社長の子だから」という言い方をする人もいました。

無論、規模の大小の違いを考えなければどの地域にも格差はあるはずです。しかし、バブルの時代の成城では、それが異常なほどにふくれあがっていましたから、装飾もまたありえないほど過剰《かじょう》になっていたのです。

子供だった私は、こうした世界を非常に冷ややかな目で見ていました。正直にいえば、身の回りのほとんどのものが装飾に覆《おお》い隠《かく》されているような気がしてなりませんでした。きらびやかなものでひたすら飾り立てられていて、何が本当なのか嘘《うそ》なのかわからないような状態です。それに対して嫌悪《けんお》しか感じませんでした。

なぜそう思うようになったのでしょう。

それは私が没頭していた本や映画の世界が大きく影響《えいきょう》していたと思います。芸術作品の中では、人間がたしかに生きていました。登場人物が地に足をつけて苦しんで、泥《どろ》だらけになったり、ぶつかり合ったりしている。そのものがく姿が読者や観客の心をつかんで共感を呼び起こすからこそ、作品として成り立つのです。

これは、物語が民話という形だった頃からずっと抱《かか》えてきた普遍《ふへん》的な主題です。装飾やそれに対する欲望は否定されるべきものであり、昔話の『花咲かじいさん』でもフェデリコ・フェリーニの『甘い生活』でもそれは批判されてきました。生身の人間の真っ直《す》ぐな心こそが描《えが》かれるべき尊いものだったのです。そして、それが私にとっての価値観でした。

ところが、バブル期の日本ではこれが逆転しているのです。目の前には有名な企業の社長や芸能人がたくさんいる。彼《かれ》らは明らかに物語が否定すべき装飾に満ちた世界に浮《う》かれ乱痴気騒《らんちきさわ》ぎをくり返している。にもかかわらず世間はそれを良しとしているし、実際に彼らが動かしている世界も大成功をおさめて膨大《ぼうだい》な利益を出している。否定すべきものが賛美されているのです。

私はそれに対して「何かが違う」とひたすら思っていました。まだ何が違うのかは具体的にわかりませんでした。とにかく、「何かが違う」ということだけを毎日何十回も考えていて、自分を取り巻く世界をどうにか否定したいという気持ちでいっぱいでした。

この頃、私がもっとも嫌《いや》だったのが地域に対する偏見《へんけん》でした。住んでいる場所をいった途端に他人から「成城の住人」というレッテルを貼《は》られるのです。それを感じたのは、小学生の時に習い事のサッカーやスイミングをはじめた頃でした。

小学校に入学して間もなく、私は電車で三つ、四つ離《はな》れた駅へ行き、習い事をはじめていました。多摩川《たまがわ》を越《こ》えるので、そこは神奈川《かながわ》県の川崎《かわさき》市になり、住んでいる人たちは成城学園前の住人とは違う。そうすると、そこで知り合った同級生や保護者やコーチにこんなふうにいわれるのです。

「ああ、成城に住んでいるんだ。高級なところだね。お金持ちなんでしょ」

あの当時、一般の人々が思い描いていた成城のイメージは、先に書いた年収何億円という大金持ちが数多く暮らす場所でした。装飾にまみれた、私が「絶対に違う」と反発して嫌っていたイメージです。そういう目で自分自身が見られたのです。

私にとってこの言葉には次のようなニュアンスが含《ふく》まれていました。

「金持ちなんだから普通の人の感覚とは違う非常識人間に違いない。それに君たちは恵まれているから努力する必要もなければ、悲しんだり、苦しんだりすることもないんだ」

被害妄想《ひがいもうそう》と思われるかもしれませんが、子供だった私の耳にはそう聞こえたのです。だからどんなに努力しても認めてもらえないし、悲しんだり苦しんだりすることも許されない。成城に住んでいるというだけで、そういう目線で見られることがあったのです。

無論、それをいった人の多くはそこまで考えていなかったかもしれません。しかし、受け取り手である子供はそうは思わないのです。「成城に住んでいるお金持ちなんだ」といわれた途端に、何をどういっても本当の自分を見てもらえない、努力することも悲しむことも認められないのだ、という絶望的な気持ちになりました。これは、私にとって人格や生きるということを根本から否定されるようなものでした。

後年私が作家になった後、ある有名な女性タレントと対談をした際に類似した話を聞きました。彼女《かのじょ》も世間一般でいうお金持ちの家庭で生まれ育ったそうですが、幼児期につらくてたまらなかったのが、「お金持ちだからね」といわれることだったといいます。彼女は次のように話していました。

「人が『お金持ちだから』という背景には、『お金持ちだから悲しんじゃいけない。なんでも我慢《がまん》しなければならない。何をいっても生意気だ』というニュアンスが含まれていました。それが一番つらかった。耐《た》えられないほどつらかった」

とてもわかる気がしました。彼女の場合は家でレッテルを貼られ、私は住んでいる土地でレッテルを貼られました。いずれにせよ、そういわれることによって自由に悲しむことも、意見をいうことも、認めてもらえないのです。

しかし、私自身それを完全に否定できませんでした。たしかに私の実家はバブルを絵に描いたような大金持ちではありませんが、世間一般と比べれば恵まれた家庭であることは間違いありませんでしたから、声を大にして「僕《ぼく》はそうじゃない！」と反論することができなかったのです。ゆえに、そのジレンマを抱えたまま苦しみつづけなければなりませんでした。

私が住んでいる土地について口を閉ざすようになったのは、こうしたことがあったからです。駅名が記されていることから定期券を隠したり、同級生に訊《き》かれてもわざと違う駅名を答えたりすることで、「成城」というレッテルから逃れようとしていたのです。

今となっては過剰《かじょう》に反応しすぎていたと思いますが、幼い頃の私、あるいはバブルの時代の成城にあって、それは無理にでも引き剝《は》がしたい偏見だったのです。

「人間らしさ」を求める

このような小学生時代を過ごしていたせいか、私は日常の中で装飾に覆われていないものを探すようになりました。装飾を嫌悪していたぶん、反動でそうではない世界に対して過剰なまでの興味や憧憬を抱《いだ》くようになっていたのかもしれません。

とはいえ、小学生の頃は世界がとても狭《せま》く、身の回りの世界がすべてです。そこで私は同級生の中から「少し違う人間」を見つけては積極的に歩み寄っていきました。具体的には、家庭の事情を抱えた子や、精神・知的に問題のある子でした。

たとえば、同級牛にA君という子がいました。性別は男の子でしたが、仕草は女の子そのものでした。髪を伸《の》ばし、女の子言葉で話し、驚く時は「キャッ」とか「イヤッ」といったりする。男の子と遊ぶことはない一方で、女の子とおままごとをするのが好きで、教科書やノートには少女漫画の絵ばかりを描いていました。体育の着替えの際も男の子なのに胸を隠していましたっけ。

今考えてみれば、A君は「性同一性障害」だったのかもしれません。しかし当時はそういう概念《がいねん》が一般には知られておらず、女性っぽい人全般《ぜんぱん》を示す蔑称《べっしょう》である「おかま」と呼ばれ、同級生からからかわれていました。

彼は小学校の高学年頃から少しずつ学校へ来なくなるのですが、きっと彼の中の女の子としての自分像と社会が求める男としての像が合わなくなり、どうふるまえばいいかわからなくなったのでしょう。理解してくれる人がおらず、苦しかったはずです。

小学生だった私はそんな事情は一切わかりませんでしたが、直感的にA君に対して人間らしさを感じていました。お金持ちの保護者や同級生に対しては「何かが違う」としか思わなかったのに、A君に対しては人間らしさを感じ、共感するところがあったのです。

私はA君がたまたま登校してきた日は、同級生に見つからないところで世間話をしたり、悩《なや》み事を相談し合ったりしていました。どこかで彼ならわかってくれるとか、彼なら信頼《しんらい》できるという気持ちがあったのです。ほとんどしゃべらない子だったのでじっくり何かを話し合うことはなかったのですが、彼が「おかま」と馬鹿にされた時に頬《ほお》を膨《ふく》らませて涙《なみだ》をこらえている姿を見ると、人間の素直な感情に触れられたような気がしてホッとしたものです。

また、A君とは別に、同じ学校にいた知的障害児に対しても、関心を寄せていました。私が小学校に上がって少ししてから、障害児を集めた特別支援《しえん》学級が設置されました。学級の生徒は年々増え、ある年から私の三年生の時に担任だった先生がそこへ移ることになりました。

この頃から、私は障害児に関心を抱いて特別支援学級を訪れるようになりました。建前は三年生の時の担任の先生に会いに行くということでしたが、内心では障害児と会ってみたいという気持ちがあり、毎日のように通ったのです。学級の掃除《そうじ》当番を進んで行うことで、彼らと仲良くしようと試みたこともありました。

なぜ足繁《あししげ》く特別支援学級に通ったのでしょう。今から考えると、隠された現実を垣間《かいま》見るような感覚ではなかったかと思います。ある年からいきなり校舎の隅《すみ》に特別支援学級が設置され、それまで同じクラスにいた「ちょっと様子がおかしい子供」が突然《とつぜん》そこへ異動することになる。そして他の同級生と隔絶《かくぜつ》されたように学校生活を送っている。私が特別支援学級に通い、障害者たちと接点を持とうとしたのは、社会が隠す現実を見てみたいという気持ちだったのだと思います。

障害児と実際に触れ合ったのは、これが最初でした。オムツをはいている子、発作を起こしてしまう子など様々でしたが、私は汚《きたな》いとか怖《こわ》いとは思いませんでした。むしろ、彼らが隔絶された理由がわかるとともに、彼らがちゃんと存在することに安心感を抱きました。幼いながらも、彼らがいることこそ正常な社会だという感覚がどこかにあったのでしょう。きっと町や人間の素のあり方のようなものを求めていたからこそ、そういう人たちに人一倍関心を示したのかもしれません。

こうしてみると、子供の頃の私は、極端《きょくたん》なまでの二項《にこう》対立で世界を捉《とら》えていたといえるでしょう。バブルを絵に描いたようなお金持ちたちの装飾の世界か、A君や特別支援学級の障害児が見せる素の人間の姿か。

成城に住んでいても、本当はその間で生きている人の方が多いはずなのに、そういうふうには考えられなかったのです。両者の間を極端なまでに分けて捉えていたのです。それはやはり時代のせいで両者の格差があまりに大きかったということが原因なのかもしれません。

ですが、こうした状況は長くはつづきませんでした。永遠につづくと思われていたバブルが突然崩壊《ほうかい》するのです。それは私の育って見てきた世界にも大きな影響を及《およ》ぼすことになりました。

思春期とバブルの崩壊

一般的にバブルが崩壊したのは、一九九一年頃といわれています。私が中学二年生の時です。まさに思春期にさしかかり、これから自分の人生をどうしていこうかと考えはじめる年齢での出来事でした。

世界を席巻していた日本経済が音を立てて崩れた時、真っ先に影響を受けたのはバブルの勢いでのし上がった起業家たちです。彼らはバブルによる物価の高騰《こうとう》を利用してお金の倍々ゲームをしていました。それが崩れたことによって、足場を外されたような状態になり、一瞬《いっしゅん》のうちにすべてを失うことになったのです。私にとってその象徴《しょうちょう》が、近所に暮らす「地上げの帝王」と呼ばれていた不動産会社のオーナーでした。

このオーナーは実家の近くに城のような豪邸《ごうてい》を建てていました。黒服の部下が常に何人も門番をして、家の周りには二十四時間ベンツやロールスロイスが何台も待機し、窓から見える室内には豪華《ごうか》なシャンデリアが飾られていました。彼には殺人事件に関与《かんよ》しているとの噂《うわさ》もあり、邸宅に何度も銃弾《じゅうだん》を撃《う》ち込まれたりもしていたので、門や塀《へい》には監視《かんし》カメラが設置されていました。

ちなみに、私自身、その銃声を聞いたために、警察の捜査《そうさ》に協力したこともあります。小学校のサッカー部の朝練習に行く際に怪しい車を目撃《もくげき》していたので、参考人になったのです。

この家に暮らす「愛人」（と近所では呼ばれていました。正式な妻かもしれません）が毎日夕方に散歩に連れている二匹《ひき》の犬の名前が「金ちゃん」と「銀ちゃん」というのは、もうコメディーの世界です。あるノンフィクション作家が彼にインタビューをしたら、終わってから新聞紙にくるまれた札束らしきものを渡されて、あわてて返したという逸話《いつわ》があるとかないとか。

このオーナーもバブルですべてを築き、バブルですべてを失った人でした。バブルが崩壊して間もなく会社はつぶれ、ボスは追われるようにいなくなりました。その後、わずか数日の間で豪邸の周辺を取り囲んでいた黒塗《ぬ》りの外車は一台もなくなり、黒服のボディーガードたちも消え失せ、贅沢な家具やシャンデリアなど装飾品が業者によってすべて運び出されました。やがて土地は分譲《ぶんじょう》されて売りに出されました。築き上げてきたものが泡《あわ》のように消えてしまったのです。

これは極端な例ですが、当時の成城では所々で多かれ少なかれ似たようなことが起きていました。小学校時代から知っていた男の子の一人は、ある経営者の子供でしたが、前日までは普通に大きな家で暮らしていたのに、ある晩突然夜逃げ同然にいなくなってしまいました。

二十年ほど経《た》って再会したので当時のことを訊いてみたところ、夜に突然親から「引っ越しをする」といわれて新幹線に乗せられて関西に行ったそうです。そしてとある狭《せま》いマンションに母親と二人で暮らすことになり、父はそのまま行方がわからなくなったということでした。

昔から成城に土地を持って堅実《けんじつ》に暮らしていたり、しっかりとした企業に勤めていたりした人はそこまで大きな影響を受けることはなかったはずです。しかし、先に紹介《しょうかい》したようなバブルでのし上がった人たちの中には、突如《とつじょ》として膨大な負債《ふさい》を抱えて町からいなくなった人もいたのです。

私がバブルの崩壊によって教えられたのは、ずっと抱いてきた世の中に対する違和《いわ》感が間違っていないということでした。物心ついた頃から「絶対に何かが違う」と思いつづけてきたことが、まさに形となったのです。

とはいえ、この時はまだバブルの崩壊が完全に装飾を打ち壊《こわ》したと確信することができませんでした。「日本にはまたバブルの頃の景気がもどってくる」という大人も多数いましたし、うまく危機を乗り越えたお金持ちもたくさんいました。それに社会にはここ数十年で初めて訪れる、先の見えない不安が渦《うず》巻いていました。

やがて私は世田谷区内の私立高校に進学しました。中学までは地元の人たちに囲まれていますが、高校に上がるとそれ以外の人たちが大半になります。同じ世田谷区内だけでなく、八王子《はちおうじ》や川崎の方から通学しているクラスメイトもたくさんいました。

私が彼らと親しくなって実感したのが、これまで自分が住んでいた場所や環境がいかに特殊《とくしゅ》だったかということでした。同級生たちは一般的なサラリーマンの子供が大半であり、私自身もそれと比べると「かなり恵まれて、特殊な環境にいる」と思うようになったのです。そして、彼らから見れば、私の方がずっと装飾にまみれた人間ということになるでしょう。小学生の頃からオペラやらミュージカルやらへ普通に連れて行ってもらっていたなんていったら、そう思われるのも仕方ありませんよね。

私は小中学校を通じてずっとお金持ちの装飾を嫌悪していたぶん、こうした現実を認めるのが嫌でした。日本全体で考えたら、自分はかなり恵まれた環境で育って、装飾だらけに見られているのだ。そう考えることは、自分自身を否定してしまうことにつながりかねません。だからこそ、バブルが崩壊した後、私はできるだけ自分の置かれている状況について考えるのを避《さ》けていました。

高校生時代、私はいかにすれば物づくりをする人間になれるかということばかりを四六時中真剣《しんけん》に考えていました。すでに文章か映像の世界で生きていくという決心をしており、毎日二、三本手当たり次第に映画を観ていましたし、文学史の年表に出ている作品や、書店に並んでいる新書を右から左に片っ端《ぱし》からむさぼり読んでいました。日曜日になると一日四、五本の映画を観ることもありました。進学する大学も芸術系の学部にすると決めていました。

高校時代に仲良くしていたのはもっぱら一回り以上年上の人たちばかりでした。間を取り持ってくれたのは中学の時に通っていた塾《じゅく》の社長さんでした。彼は独身でお金があったので、毎晩のように誰かを集めて酒盛りをしていました。

彼は若かりし頃に作家を目指していたこともあって小説にとても造詣《ぞうけい》がありました。また集まっていた大人たちの中には映画会社に勤めていた人などもおり、レンタルビデオ店には置いていないような映画をたくさん知っていました。私は彼らに交じって小説や映画、それに様々な学問の話をするのが楽しく、最低週に一回は入り浸《びた》って酒盛りに参加していました。

一軒目は、小田急線の千歳船橋《ちとせふなばし》の駅近くにあったステーキ店に集合と決まっています。

まずそこで特大のステーキを食べ、大ジョッキのビールを五、六杯飲む。それからはウイスキーの水割り（ここではサントリー・ホワイト）に切り替えて、煙草《たばこ》をくゆらせながら、ひらすら小説や映画の話をつづけます。

内容は、太宰治《だざいおさむ》さんはどのように自然と心理の描写《びょうしゃ》を織り交ぜているか、小津安二郎《おづやすじろう》さんのロー・ポジションでのカメラワークは何を描くのに有効かといったことなどです。灰皿はあっという間に吸い殻《がら》の山となり、副流煙《ふくりゅうえん》で目が開けられなくなる。それでも時には口論になりながら語るのです。

ステーキ店を出るのは零時頃《れい》。それから私たちは社長に連れられて駅の反対側にあるスナック、あるいは隣の経堂《きょうどう》駅にあったフィリピンパブへと流れて午前三時ぐらいまでウイスキー（ここでは、サントリー・リザーブに変更《へんこう》）を飲みつづける。社長はいい感じに酔《よ》っ払ってママさんとキスをしたり、フィリピン人ホステスとチークタイムに踊《おど》ったりしています。しかし、私たちは大島渚《おおしまなぎさ》さんだの、小林正樹《こばやしまさき》さんだのとまだ議論をつづける。時にはホステスから「もうちょっと静かに」と注意されるほどでした。

その後、私たちは酔いつぶれた社長を抱えるようにして店を出て、途中でラーメンを食べてから社長の家へ押しかけ、そこでまた煙草とウイスキー（またサントリー・ホワイトにもどる）を交互《こうご》に飲んで朝が来るまで議論をつづけます。

むろん、いくら酒が強いとはいえ、私もまだ高校生。この時刻になるとさすがに泥酔《でいすい》していています。映画会社で働いていた人も意識が半分飛んだ状態でこう叫《さけ》ぶ。

「光太君、レヴィ＝ストロースを読みなよ。あれは文学だよ。あの文学性をわかったら、すべてが違うように見えてくる！」

私はレヴィ＝ストロースが人の名前なのか本のタイトルなのかもわかりませんでしたが、知っているふりをして適当な受け答えをします。けど、恥ずかしい。自分は芸術家になるんだというプライドがあったぶん、知らない名前を出されると屈辱《くつじょく》なのです。

それで私はトイレに行くふりをして、ポケットに忍《しの》ばせていたメモ帳に「レヴィ＝ストロース」と書いて、翌日すぐに書店や図書館に走る。それで次に酒盛りに行った時にレヴィ＝ストロースの議論をするのです。

ちなみに、レヴィ＝ストロースというのは、人類学や哲学《てつがく》を専門とする学者です。学者の書いた本を真剣に手に取るようになったのもこのあたりからですね。

今でこそ、私は新宿《しんじゅく》のゴールデン街に代表されるような、酒を飲みながら芸術談義をするような世界が苦手です。輪になって議論しているよりつくらないとはじまらないと思ってしまうんですよね。だけど、若い頃はそれに憧《あこが》れた時期があり、とても楽しく思えました。まさに体がスポンジのようになんでも吸収する年齢で、こういう体験ができたことも貴重でした。事実、あの頃に一生懸命《けんめい》読んだものは私に大きな影響を与《あた》えましたし、今でも内容をはっきりと憶《おぼ》えています。

他方、この頃私は単純につくり手になりたいという意思を持つだけでなく、「海外へ行って生身の人間を見なければならない」という思いを抱いていました。ほとんど義務のような思いだったので、やらないという道は考えたことがありませんでしたね。それは「時代」「家庭」「過去」という三つの要素が関係していたと思います。

一つ目の「時代」は、九〇年代の半ばはまさに海外への扉《とびら》が開きはじめた頃でした。私が高校生の時に沢木耕太郎《さわきこうたろう》さんの『深夜特急』（新潮文庫）が完結し、すぐに辺見庸《へんみよう》さんの『もの食う人びと』（角川文庫）がベストセラーに。そして大学時代はテレビで放送された猿岩石《さるがんせき》のユーラシア大陸横断が大ブームを巻き起こしていました。バックパックを背負って海外へ行くというのが、若者の間で自然のこととなっていたのです。

たぶん、私だけでなく、同年代の若者の多くが「とりあえず海外へ一人旅をしに行こう」という思いを抱いていたのではないでしょうか。少なくとも大学生たちの中にはバックパックに着替えを詰《つ》め込んで外国へ行けば、何かしらの扉が開かれるかもしれない、という共通認識があったように思います。そして、私自身その風潮に背中を押《お》してもらったということもあるでしょう。

また、「家庭」環境も大きく影響していました。私は両親がイギリスに留学していたこともあり、早くから「海外へ行け」といわれていました。両親から「私たちの夢は、年をとった後に、世界中で活躍する子供たちのところを旅行して回ることだ」なんてことを聞かされたこともありました。

実家の隣に暮らしていた叔父《おじ》も外国で仕事をしていた人でした。中南米の商品を輸入して卸《おろ》す会社を経営していたのです。スペイン語がペラペラで、数カ月に一度中南米へ行って、怪しいプロレスのマスク、アルコール度数の高いテキーラ、見たこともないような奇《き》抜《ばつ》なデザインの服や食器などを購入してきます。そして酔っ払っては、中南米の人々がどんなに日本人と違っていて興味深いかを夜遅くまで語ってくれる（もっとも、その叔父さんの方がよっぽど面白かったのですが）。

弟も若い頃から海外志向がありました。中学、高校の時にアメリカに留学していました。親がそこまで熱心に勧《すす》めたわけでもないのに、自分の意思で留学を希望したということは、彼もまたそれだけ影響を受けていたに違いありません。

こういう家庭環境でしたから、私も必然的に海外へ行かなければならないと考えていました。ただ、肉親に対してライバル意識があったので今更《いまさら》同じ国へ行っても太刀打ちできないと思っていましたから、両親が行っていた欧州《おうしゅう》、叔父の中南米、弟のアメリカは避けるつもりでした。必然的にアジアか中東かアフリカあたりということになります。

三つ目の理由は、私自身の「過去」です。私はずっと成城の姿が日本の標準だと思い込んでいました。つまり、日本全体が装飾に覆いつくされているので、日本に留まっている限りは、私が求めている生の人間の姿に出会うことができないと考えていたのです。それは次のような気持ちを私に抱かせていました。

「海外へ出て行って生の人間に巡《めぐ》り合おう。そうすれば、自ずと自分が描かなければならないことが見えてくるはずだ」

もちろん、そういう考え方が間違っていることは後になってわかることになります。しかし、この時の私にとって海外とは、あくまでも作品をつくる題材を得るための舞台だったのです。

こうして私は「時代」「家庭」「過去」の三つの要素から、海外へ行くことを決めていました。そして映像か文章かでさんざん悩んだ末に、日本大学芸術学部文芸学科というところに進学したのです。

芸術学部の文芸学科というところは、作家を養成するためのコースでした。文学部や社会学部に設置されているマスコミやジャーナリズム専修ではなく、あくまで芸術学部での文芸専攻への進学を選んだのは、私自身が芸術としての文芸作品をつくりたいという強い思いがあったからです。報道ではなく、芸術に昇華《しょうか》することでしか伝えられないものを描きたいと考えていたのです。

人生の転機となった旅

大学に入ってからは、とにかく文章修業の毎日でした。作家になるのは簡単ではありませんが、それ以外の選択肢《せんたくし》を考えたことすらなかったので、とにかくやるしかありません。

そのためにはどうすればいいか。

私は入学してすぐに三つのことを自分自身に課しました。

・一日三冊本を読む。
・週に一本、短編小説かシナリオを筆写する。
・月に百枚程度の試作を書き上げる。

私は「これ！」と決めると徹底的《てってい》にやる性格です。なので、作家になると決めて自分に対する課題をつくると、それを何がなんでも成し遂げようとします。やらないという選択肢が浮かばない。きっと脳が単純なのでしょう。

こうなると、大学の授業にはまったくといっていいほど出席せず、朝起きてから寝るまでひたすら三つの課題をクリアすることに専念するようになります。

朝九時に喫茶《きっさ》店か大学の図書館へ行って夕方四時ぐらいまでになんとか三冊を読む。その後、七時ぐらいまで小説やシナリオの筆写。二時間ほどバイトして夜十時ぐらいから夜の三時ぐらいまで原稿《げんこう》を書いて倒《たお》れるように睡眠《すいみん》。翌日は朝八時に起きてまた同じことのくり返し。

そんな日々を送っていました。運が良かったことに、当時私の大学は授業に一度も出なくても単位をもらえる科目がたくさんあったのです。

もちろん、女の子と付き合っていたこともあります。しかし、そんな彼女《かのじょ》とも週に一度バイトのない日に、そのぶんの空き時間を一時間とか二時間と決めて会っていただけでしたね。彼女からの誕生日やクリスマスのプレゼントはすべて図書カードにしてもらっていました。

今考えれば、よくそんな大学生と交際する女性がいたものだと思いますが、まぁ、世の中には物好きな人もいるということなのでしょう。とはいえ、作家志望の男というのは、若い女性にとっては決して好ましい存在ではありません。千年以上も前から膨大な数の淑《しゅく》女《じょ》たちが「自称・芸術家の卵」の卵と付き合ったがために地獄《じごく》を見てきているのです。ただ私に近づいてきた女性たちはきっと頭が良かったのでしょう。泥沼《どろぬま》にはまる前に途中でハッと我に返って、「もうあなたには、ついていけません」なんて言葉を残して去っていきましたが……。

ともあれ、私が念願の海外に初めて飛び出したのは、大学一年生の春休みでした。先述したように海外へはかならず行くものだと自分自身で決めていたので迷わず行くことにしたのです。

最初に向かったのは、パキスタンとアフガニスタン。

これらの国には、もともと関心があって行きたかったわけではありません。正直にいえば、ある日大学の同級生の友人がインドへ行くことを決めたというので、私は「もっとすごいところへ行こう」と考えて地図を見た。そしたらインドの北にパキスタンとアフガニスタンがあったのでそれらの国を目指すことにしたのです。

とはいえ、私がそれらの国を選んだのは必然性があったのでしょう。私は国や文化を見たいというのではなく、「生の人間の姿」を見たいというふうに考えていました。

ならば、どこへ行けばいいのか。きっと私は友人に「インドへ行く」といわれ、無意識のうちにそれ以上に「生の人間の姿」を見られる場所を探したのだと思います。それで直感で選んだのがパキスタンとアフガニスタンだったのです。

運命というのは、がむしゃらに探し求めていると飛び込んでくるものなのです。ある日本当に舞い降りてくるように現れる。私はこの旅行で一生を大きく左右する光景に出くわすことになるのです。

パキスタンには、北京を経由して首都イスラマバードから入りました。そこから北部を目指してバスで少しずつ進んでいったのですが、ある日アフガニスタンとの国境近くの都市ペシャワールに辿《たど》り着きました。かつて「花の都」と呼ばれたアフガニスタンとの貿易の町です。

この町で、私は一人の地元に暮らす老人と出会いました。白髪《しらが》で長い髭《ひげ》を生やした男性でした。彼は安宿の前で私に声をかけ、自らガイドであると名乗ってこういいました。

「私があらゆるところを案内してあげよう。数日間私と一緒《いっしょ》に行動しないか。何でも見せてあげるから」

ガイド料は、一日当たり千円以上したと思います。貧乏旅行で一日百円ぐらいの宿を転々としていた私にとって決して安い値段ではありませんでしたが、どこかで旅が予想外のところに展開することを期待していた気持ちもあったのでしょう、彼をガイドとして雇《やと》うことにしました。

この老人が私をバスに乗せて連れて行ってくれたのが、国境周辺の部族が支配するトライバルエリア（連邦直轄部族地域《れんぽうちょっかつ》）やアフガニスタンだったのです。

当時のアフガニスタンは、まだタリバーンが首都カブールを制圧する以前の泥沼の内戦の最中で、国内はもちろん、パキスタン側にも武器や難民があふれていました。冷戦終結後の世界の戦争と貧困が凝縮《ぎょうしゅく》されたような場所でした。

ガイドの老人は私をバスに乗せると、武器の密売マーケットへ連れて行きました。砂漠《さばく》につらなる市場の裏路地に二十軒ぐらいの店が密集しているところがあり、どの店でも自動小銃やロケットランチャーや手榴弾《しゅりゅうだん》、それに大量のヘロインが米袋《こめぶくろ》のようにつまれて売られています。きっと私が喜ぶとでも思ったのでしょう。

彼は戦争を陰《かげ》で支える武装組織や武器商人と親交があり、店長を何人か知っているようでした。店へ入っては紹介してくれるのですが、店長たちは一様にドラッグをやっていて目が完全に泳いでいます。店の外では客が武器の試し撃ちをしており、あちらこちらから銃声が聞こえてきます。火薬の煙《けむり》で白く煙《けむ》ってもいる。

私は鼓膜《こまく》が破れるような音と、火薬と下水が絡《から》み合う臭《にお》いに怯《おび》え、足の震《ふる》えを抑《おさ》えるので精一杯でした。いきなり銃で撃たれて殺されても不思議ではありません。頭の中が真っ白になってガイドの老人の背に隠れるようにしてついていくことしかできませんでした。

もし私が体験したのがこれだけだったら、「危険なところを旅してきました」という感想しか残らなかったかもしれません。しかし、ガイドの老人はこの後私をアフガニスタン難民キャンプへ連れて行きました。

そこは、砂煙《すなけむり》が舞い上がる荒野《こうや》の真ん中にありました。突然泥でつくられた家が何千と現れ、さらに奥へと進むと地面に刺《さ》した杭《くい》にぼろ布を引っかけただけのテントが見渡す限り広がっていたのです。

道路の真ん中を下水が流れており、人糞《じんぷん》や吐瀉《としゃ》物がすさまじい悪臭《あくしゅう》を放って浮いています。幼い子供はその下水に手を突《つ》っ込んで売れるような金具などが落ちていないか探し、腹が減ればゴミ箱をあさってナンの切れ端を口に押し込むように食べる。痩《や》せ細った犬が餌《えさ》の臭いを嗅《か》いで唾を涎《よだれ》らしながら近づいてくると、その子は目を剝いて、持っていた棒で力いっぱい殴《なぐ》りつけて「離《はな》れろ！」と追い払う。食べ物を取られまいとして必死なのです。そんな難民の姿はそこで生活しているというより、なんとか生存しているというありさまでした。

私は目の前に広がる光景が信じられず、呆然として道を歩いていました。ガイドの老人は珍しいことなど何もないとでもいうように英語で日本製品の素晴らしさを淡々《たんたん》と語りながら進んでいき、私は後を追いかけていくことしかできません。

ある舗装《ほそう》されていない道にさしかかった時、私は目の前の光景に目を奪《うば》われ、思わず立ち止まりました。道の両脇《りょうわき》に数えられないほどの物乞《ものご》いが地べたにすわり込んで、通りかかる人に手を差し出していたのです。まるで地獄の亡者が必死に助けを求めているような光景でした。全身の血の気が一気に引いていきます。

彼らは私が外国人であると知ると、一様にこう訴《うった》えてきました。

「ワン・ルピー・プリーズ」

一ルピーは、当時で二円ぐらいだったはずです。その声が合唱のように重なり合って響きます。

物乞いたちの中には、障害のある人も少なくありませんでした。顔の一部が爆弾《ばくだん》で吹《ふ》き飛ばされていたり、地雷《じらい》で足を失っていたり、中にはハンセン病らしき人の姿もありました。そういう人たちがまるで踏《ふ》みにじられた芋虫《いもむし》のように道路に這《は》いつくばって、体液を流しながら、枯《か》れ枝のような手を伸《の》ばして一ルピーを乞うているのです。

ガイドが懸命に現地の言葉で何かを叫んで追い払おうとしますが、彼らは手を差し出すのをやめません。衣服や肌は汚《よご》れきっているのに、眼光だけを獣《けもの》さながらに光らせ、他者を押しのけるようにして身を乗り出してお金を求めるのです。

私は迫力《はくりょく》に打ちのめされ、とっさに「怖い」と思いました。とにかく恐怖《きょうふ》で、パニックに陥《おちい》っていました。だが、その間も次々と汚れた手が伸びてきて、「ワン・ルピー・プリーズ」の声は大きくなっていく。

気がつくと、私は差し出される手を必死になって払い除《の》け、逃《に》げ出していました。何を考えていたのかわかりません。全身で彼らの存在を拒絶するように無我夢中に走って逃げたのです。

その後、私はホテルへもどり、あちらこちらの町を転々としましたが、ずっと難民キャンプでの出来事が脳裏に焼きついて離れませんでした。目にした現実があまりに強烈《きょうれつ》で、どう受け止めていいかわからず、呆然とするしかなかったのです。

日本に帰国した後も同じで、私は日課である読書や筆写をしようとしたのですが、まったく手につきませんでした。難民キャンプの光景で頭がいっぱいで活字が一切頭に入ってこず、いろんな考えが止めどなくあふれてくる。

日本の豊かな生活は、あの難民たちの犠牲《ぎせい》の上に成り立っているのか。あの難民たちに対して何もすることができず、逃げ出した自分はなんなのか。彼らは私に何を求めていたのか……。

これまで私は日本の豊かな生活を毛嫌《けぎら》いし、貧しい国へ行って人間が生きている本当の姿を目にして文章を書きたいと思っていました。しかし、実際に現地へ足を運んでみると、難民キャンプもそこに住んでいる人々も想像をはるかに上回るほどの貧しさに苦しみあえいでいました。彼らは手を出し、血眼になって全身でこう訴えているようでした。

「これが生きるということなのだ。これが人間なのだ！」

私は初めて世界の現実と向き合ったことで、改めて自分の人生がどれだけ恵まれていたか、そして自分がどれだけ無知で、気が弱く、無力なのかを思い知らされました。一日三冊本を読んで、週に一冊筆写して、月に一度短編を書いていれば作家になれて彼らのことを描けるなんて思い上がりもいいところでしょう。本当の私は、たった一人で彼らの前にしゃがみ込んで言葉をかけることも、彼らの生い立ちを想像することも、手助けをすることもできないのです。

私は自信を完全に失い、これから何をどうしていいかわからなくなっていました。今までの人生でつみ上げてきたものをすべてひっくり返された気持ちです。世界の現実というあまりに高い壁《かべ》の前で、自分が誰なのかわからなくなり、これからどこへ向かって進んでいけばいいのか道を見失い、廃人《はいじん》のようになってしまったのです。もう一度彼らの元へ行って話をするような勇気は到底《とうてい》ありません。夢も希望も尽《つ》きかけていました。

しかし、しばらくして思いがけないところから道が開けます。

当時私は、今は映画監督となった筧昌也《かけひまさや》さんという大学の同級生と同人誌をつくっていました。私は作家に、彼は映画監督でなければ漫画家になりたいという思いがあって一緒に同人誌を出していたのです。そこにアフガニスタン難民キャンプでの出来事を記事として書いたところ、方々から感想が寄せられました。その一つにこんな意見がありました。「難民キャンプで人が生きていくなんて信じられません。私だったら我慢できずに自殺してしまうと思う。なぜ彼らはそこで生きていけるんですか」

読んだ途端、私が現地で体験して感じたことが明確な形になって浮かび上がりました。難民キャンプは地獄のような場所です。砂埃《すなぼこり》さえ防げないテント、犬の餌より粗末《そまつ》な残飯、ぼろ布かどうか見分けさえつかない衣服……もし私だったらその場で死を選ぶか、それより先に生きる意志を失って力尽きるのは必然でした。

にもかかわらず、難民たちは生命への執念《しゅうねん》をむき出しにして生きている。地面に這いつくばり、骨と皮だけに痩せ細っても、必死になって手を差し出して「ワン・ルピー・プリーズ」と声をからして叫んでいるのです。そのわきには、妻がいたり、子供がいたりする。この光景から私が感じたのは「それでも生きなければならない」という人間の業のようなものであり、貧困のどん底にあっても力強く輝く生命力です。

——なぜ彼らはそこで生きていけるのか。

それこそがまさに私が胸に抱いた思いだったのです。

私は月日が経って、少しずつ冷静になって難民キャンプでの体験をふり返れるようになると、彼らがそれでも生きようとする理由を見つけ出したいと思うようになりました。それにはまず私が、日本で生まれ育つ中で知らず知らずのうちに身につけてきた装飾という名の皮膚《ひふ》を剝ぎ取って、彼らの元へ歩み寄って行かなければならない。きっとそれができれば、彼らに直《じか》に接したことになるし、人間が生きるということの意味が少しはわかるのではないかという思いがあった。

ある日、私は次のように決心します。

「途上《とじょう》国の地面に這いつくばる人たちが全身から発する生命力がなんなのか追い求めて活字にしてみたい。いや、しなければならない。これは自分がなんとしてでもやるべきことなのだ」

まだ漠然とはしていましたが、これが私にとって大きな人生の分岐《ぶんき》点となりました。

難民キャンプへの訪問の後、私は時間のほとんどすべてを掲《かか》げた目標を実現するために費やすことになります。頭の中には常に「あの難民が持っていた生命力を探求して描く」という目標があり、それに必要なことをつみ重ねていきました。

読書は徹底的な濫読《らんどく》でした。人類学、宗教学、医学、国際関係学、言語学、政治学あらゆる分野の本を読み漁《あさ》って多方面から自分の持っているテーマについて考えました。

貧困地域に焦点《しょうてん》を絞《しぼ》るからといって開発学やジャーナリズムといった視点だけで自分の目指すものができ上がるはずがないことはわかっていました。何か一つの視点のみでは、既存《きぞん》のものを再構築することにしかなりません。それは私の役割ではないし、やりたいことではない。

私が目指したのは、あらゆる方法論を駆使《くし》して自分の世界を築き上げることでした。一つのモデルは文化人類学者の山口昌男《やまぐちまさお》さん。彼は現地での体験に加えて、あらゆる学問を勉強し、それらを縦横無尽《むじん》につかって新たな地平を切り開いていました。私は文学としてそういう世界をつくりたかったのです。

それからは、とにかく勉強をしつづけました。すればするほどわからないことが逆に増えていきますが、それでも勉強をしていくしかありませんでした。後に触れますが、こうしたやり方は物事の多様性のあり方を見つけるのに非常に有意義な勉強だったと思っています。

また、海外へも頻繁《ひんぱん》に行きました。春休みや夏休みなどは必ず外国でフィールドワークの真似事をしていました。私は様々な勉強をしたことで「取材」ではなく、人類学者の

「フィールドワーク」で現地にアプローチしたいと考えるようになりました。それで学生の頃からスラムや難民キャンプへのフィールドワークを一年に二、三カ月行っていたのです。大学二年の終了時には、それだけでは飽《あ》き足らず、一年間休学してアジアや中東へフィールドワークの旅をしたこともあります。

こうした旅行の成果は、後の『絶対貧困』をはじめとした著作にもふんだんに盛り込んでいますが、現地の人たちに溶《と》け込んで彼らの価値基準の中で生活や感情を見つめていくという方法はこうして培《つちか》われたといっていいでしょう。特に難しいことを考えたのではなく、いろんな分野の勉強をするうちに、自分にとって一番魅力的な方法で現地にアプローチしただけなのです。

大学を卒業するまでに、どれだけの国に行ったかわかりませんし、何冊読んだのか憶えていません。何千枚原稿を書いたかもわからない。一々計算はせず、ただ「やらなければ」という衝動《しょうどう》にひたすら背中を押されつづけていた気がします。

勝負は大学を卒業した後の二、三年だと思っていました。両親は私がこの道を進むことについて一切反対はしませんでしたが、口を酸っぱくしていっていたことがあります。それは次のような言葉でした。

「二十代のうちに世に出なければならない。どんな形であれ、二十代で世に出られたのとそうでないのとではぜんぜん違う。二十代で無理ならば諦《あきら》めた方がいい」

私は芸術の道の先輩の言葉として、それに従うつもりでした。ですが、二十代で世に出るということは、二十代の半ばである程度のものを形にするしかありません。逆にいえば、大学を卒業して二、三年で何かを完成させなければ間に合わないのです。

大学卒業後にアフガニスタン難民キャンプで自分が感じたことを実行する。

私はそれだけを心に誓《ちか》いながら大学を卒業しました。卒業式は行きませんでした。卒業証書ももらっていません。その時間も本を読み、筆写をし、試作をしていたかったからです。

第 2 章

Episode2

生命力を探す旅

検査会社での経験

大学を卒業した後、私は就職をしませんでした。就職活動もしていません。もし私がジャーナリストを目指していたら新聞社やテレビ局に就職しようとしていたでしょう。あるいは貧しい人たちの支援《しえん》をしたいと思っていたら国連やNGOを目指していたはずです。

でも、私はそうではありませんでした。ずっと抱《いだ》いていた「作家になる」という気持ちは大学四年間でさらに膨《ふく》らんでいました。作家という立場で自分の作品をつくりたいわけで、報道や支援活動をしたいわけではないという意思が明白だったのです。

大学卒業の前後、私は非常に焦《あせ》っていました。途上《とじょう》国の路上で生きる人々のルポルタージュを書くというのは大学一年の時から決めていたことでした。これをやらなければならないという気持ちと、これをやれば絶対にうまくいくという確信がありました。その中で一番怖《こわ》かったのは、誰《だれ》かに同じテーマで先を越《こ》されてしまうことです。

別の作家志望者が同じことをしたらどうしよう。

常にその不安に苛《さいな》まれていました。見えない影《かげ》のようなものに慄《おのの》いていたのです。

ただ、海外へ長期間行ってものを調べるというのは、簡単なことではありません。第一に多額のお金がかかります。一回だけの費用だけならいざしらず、第一作が出せたとしたら間髪《かんはつ》入れずに二作目、三作目とつくっていかなければなりません。大学卒業後はアルバイトをしていましたが、それだけで十分な額が貯《た》まるはずがない。

そこで私が選んだのが、アルバイトに加えて、ロイヤリティーの入る仕事をするということでした。ロイヤリティーがあれば、海外へ行っている間にもある程度の収入を得られるので現地で活動をするにあたって困ることはないと考えたのです。

目をつけたのは、とある会社でした。知人の父親が経営をしていたのですが、事業がいまいちうまくいかずに伸《の》び悩《なや》んでいました。

この会社は検査会社でした。検査会社といってもあまりご存じない方もいるでしょうから、ここで少々説明しましょう。

たとえば、病院や診療《しんりょう》所で血液検査をすると結果が出るまで一週間ほど待ってほしいといわれることがありますよね。あれは採取した血液を検査会社に回していることが多く、医者はそこで出た結果を患者《かんじゃ》に伝えているのです。この病院や診療所の検査を代行するのが検査会社なのです。

知人の父親が行っていたのは婦人科系の感染症《しょう》の検査でした。その中には性交渉《こうしょう》によって感染する性感染症も含《ふく》まれていました。淋菌《りんきん》感染症、クラミジア、ＨＩＶ、梅毒といった病気です。細胞《さいぼう》や血液を採取して、それらの病気に感染していないかどうか調べるのです。

通常、検査会社は病院や診療所と契約《けいやく》して検査を受託《じゅたく》することで事業を膨らませていきます。つまり、病院や診療所とどこまで太いパイプを持てるかが重要なのです。しかし、新規に参入した小さな会社だとどうしても既存《きぞん》の利権関係に割って入ることができない。特に性感染症の検査となると、そこまで検査の件数が多くないので、事業を大きくすることは容易ではありません。

私は知人の父親からその業界の構造を教えてもらった時にこう考えました。

「性感染症にかかるのが多いのは風俗《ふうぞく》で働いている人たちだろう。それならば、お店などと契約して彼らの検査を受託することができれば、病院を間に挟《はさ》むより利益が出るにちがいない。その利益をロイヤリティーの形でもらったら海外滞在《たいざい》費用をつくることができるのではないか」

私は風俗店に行くこともなければ、そういう世界に特に関心があったわけでもありません。むしろ別世界に住む人という印象で、まったくといっていいほど興味がありませんでした。しかし、今回は何がなんでも利益を生み出して旅に出なければならない。それで友人の父親に頼《たの》んで風俗店に対して検査を広める事業を完全歩合制でやらせてもらうことにしたのです（後に、別の会社とも契約しました）。

こうして各地の風俗店を巡《めぐ》って検査の契約を取る日々がはじまりました。週五日学習塾《じゅく》やテレホン・オペレーターのアルバイトをする合間に、歓楽街《かんらくがい》の雑居ビルの一室にある薄汚《うすぎたな》い店へ入っていって、検査の重大性を説明して契約を結ぶのです。

風俗店への飛び込《こ》み営業ということになりますが、決して簡単なことではありませんでした。普通《ふつう》に考えれば検査をするに越したことはないと思いますよね。しかし、実際は正反対なのです。

まずあまりに感染者数が多い。私が把握《はあく》していた風俗の平均的な感染率は七割を超《こ》えていました。PCRという精度の高い機器を使用した検査ですと、店によっては全員が感染しているという結果が出ることも珍《めずら》しくない。性交渉の頻度《ひんど》が多いことに加え、一人が感染すると店のリピーターの男性客を介《かい》して同僚《どうりょう》の子が次々とかかるのです。

風俗店のスタッフは、そんな事実は絶対に公表できません。女の子にしても、治療《ちりょう》をはじめてから治るまでに一、二週間かかりますので、その間働くことができなくなってしまう。それゆえ、スタッフは女性に検査を受けさせたくないし、女性の側も怖がって受けない子が多いのです。

風俗で働くスタッフたちは、相手を敵だと見なすと非常に厳しい態度を取ってきます。

前歯の抜《ぬ》けた金髪《きんぱつ》の店長にティッシュの箱を投げられたこともあれば、パンチパーマの暴力団員が出てきて怒鳴《どな》りつけられたこともありました。そんな時はひたすら平身低頭謝罪して逃《に》げ去るしかありません。

本当をいえば、もっとつらいこともありました。いいがかりをつけられて頭から消毒剤《ざい》をかけられたこともありますし、精液で汚《よご》れたタオルを全部洗えといわれたこともあります。屈辱《くつじょく》的な日々でした。一度も口に出しませんでしたが、胸の中では常に愚痴《ぐち》ばかりつぶやいていた。

なぜ遊んでばかりいた同級生が就職して社会の第一線にいるのに、ずっと努力してきた自分がこんなことで侮辱《ぶじょく》されつづけなければならないのか、と。

でも自分で選んだことなので文句をいっても仕方ありません。このまま作家になれなければ、一生この世界に留まらなければならない可能性もあるのです。数日に一度は悔《くや》しさや不安で眠《ねむ》れませんでした。それでも、私にはルポルタージュを書くためにお金を貯めて海外へ行くという選択肢《せんたくし》しかなかった。そうしなければ、これまでつみ重ねてきたことが水の泡《あわ》になる。何よりそれが怖かった。

とはいえ、今から考えれば、私のような恵《めぐ》まれた環境《かんきょう》で育った人間が二十代の前半でこうした日の当たらない世界で這《は》いずり回り、時には奴隷《どれい》のように扱《あつか》われながら働けたのはいい経験でした。それまで私は風俗だとか、そこで働く男性や女性とまったく無縁《むえん》の人生を送ってきており、彼《かれ》らの境遇《きょうぐう》や考え方など想像したこともありませんでした。

でも、実際に検査の契約を結んでもらうには、相手をしっかりと理解して信頼《しんらい》関係を結んでいかなければなりません。自ずと、そこでは働くスタッフや女性たちの境遇と向き合うことになります。

最初私は頭から「こういう人たちは怖い人たちなんだ」と決めつけていました。あるいは「常軌《じょうき》を逸《いっ》した人たちなのだ」と。しかし、悔しい思いをしたり、裏切られたり、あるいは何度も会って話をしていくうちに、彼らの中に人間としての美しさが見えてくるようになりました。

たとえば、ある風俗店の雇《やと》われ店長さんと歌舞伎町《かぶきちょう》の喫茶《きっさ》店で話をしたことがありました。三度目に会ってようやく検査の契約をしてもらった後、コーヒーを飲みに行こうと誘《さそ》われたのです。

「石井君、三十分だけお茶でもどうだ?」

こういわれた時初めて心を開いてもらったという思いがありました。

その後、私たちは店へ入ってコーヒーを注文しました。店長はしばらく黙《だま》って煙草《たばこ》を吸っていました。爪《つめ》が白濁《はくだく》していて、小指が異様に長かったのをなぜかはっきりと覚えています。

店長は三本目の煙草に火をつけてから急に、自分の過去について語りはじめました。自分は前科者だといって話しだしたのです。

それによれば、彼《かれ》は十代のうちから覚醒《かくせい》剤を打ちつづけていたそうです。まっとうな職に就いてもすぐに辞めてしまい、幼馴染《おさななじみ》の女性に養ってもらっていたそうです。女性は水商売を転々として生活費を稼《かせ》いでいた。

十五年ほど経《た》ったある日、彼は些細《ささい》な口論から、妻を果物ナイフで刺《さ》してしまいました。覚醒剤の乱用によって自分でも何がなんだかわからないうちにそのような事態になったといいます。妻は一命を取り留めましたが、彼は傷害と覚醒剤の使用で逮捕《たいほ》。刑務所《けいむしょ》へと収《しゅう》監《かん》されました。

アパートに取り残された妻は、この事件をきっかけにして精神を病みました。十五年ほど養ってきた男性に刺されたばかりか、親の意見によって離婚《りこん》を強いられた。今までは彼を養うということを生きがいにしてきたのに、それを失い、独りぼっちになってしまった。これから先どうしていいか……。そんな中で、彼女《かのじょ》は数年間実家に引きこもった末に思い詰《つ》めて首つり自殺をしてしまいました。

彼は刑務所にいる間に彼女の自殺を知らされました。後悔《こうかい》しても後悔しきれませんでした。やがて彼は刑務所を出所し、風俗店で働くようになりました。前科のある職歴のない男性など他にどこも雇いたがらなかったのです。彼は給料からギリギリの生活費だけを抜いて、あとは全額自殺した元妻の実家に送ることにしました。謝罪の気持ちを少しでも伝えたかったそうです。彼はこういっていました。

「風俗店の店長といっても月給は三十万円ちょっとだ。儲《もう》かるわけじゃない。それでも給料の一部を送金するのは、しっかりと妻への謝罪と後悔を胸に刻んで生きていきたいからだ。妻を死に追いやったのは俺《おれ》だ。その事実から目をそらしたら、自分自身が人間ではなくなってしまうような気がするんだ」

私はこの店長の話を聞いて、彼がものすごくけなげに生きているのだということを知りました。覚醒剤、傷害、刑務所、風俗店……そんな傷だらけの人生でも、なんとか人間らしくありたいという気持ちを抱いて、なけなしのお金を送金しつづける。私は彼のその部分に人間としての尊厳のようなものを垣間《かいま》見た気がしました。

似たようなことは、風俗店で働く女性との付き合いにおいてもありました。いわゆる風俗嬢《じょう》と呼ばれている女性です。印象に残っている方はたくさんいますが、その一人がK子さんでした。当時三十歳《さい》前後で、五反田《ごたんだ》のヘルスで働いていました。

K子さんはお店で風俗嬢として働く傍《かたわ》らで、店の経営も手伝っていました。店長が体を壊《こわ》していたことから、週の半分ぐらいは店長代理として店の運営を任されていたのです。私が仲良くしていたのは、K子さんが店としてまとめて検査の契約をしてくれたためでした。彼女は風俗嬢でもあることから病気に関心があり、店ごと検査を発注してくれたのです。ある日、K子さんと昼食をとっていたところ、こんなことを告白されました。

「私、十八歳で家を出てからずっと幽霊《ゆうれい》の声が聞こえるの。かならず夜に聞こえるの。これって性感染症のせいなのかな」

性感染症で幻聴《げんちょう》が聞こえるなんてことは基本的にはありません。私は病院の精神科へ行ってみるように勧《すす》めました。

数週間後、私はK子さんから病院で受けた診断《しんだん》の結果を教えてもらいました。驚《おどろ》くことに、夜な夜な聞こえるという幽霊の声の正体は、実のお父さんだったというのです。

どういうことでしょうか。

K子さんは小学生の頃《ころ》から父親に性的虐待《ぎゃくたい》を受けていました。母親は夜の仕事をしており、父親は毎晩K子さんの布団の中に入り込んできて体を触《さわ》ってきたそうです。母は育児放棄《ほうき》をしており、父親の方がむしろ世話をしてくれていた。そのため彼女は父親に対して抵抗《ていこう》することができなかったといいます。

やがて高校を卒業すると、K子さんはすぐに家を出て風俗店で働くようになります。父親は体を壊して、K子さんが中学ぐらいの時から性的虐待は止まっていたのですが、自立して一人で生きていきたいという思いで家を飛び出したのです。

しかし、その頃から夜寝《ね》ようとすると父の声の幻聴が聞こえるようになりました。K子さんの胸の奥には性的虐待の記憶《きおく》が残っていて、父親の声や息遣《いきづか》いが幻聴となって聞こえだしたのです。

数年後、父親が病気で死んでからこの声はさらに大きくなりました。長い間、彼女はそれを父親の声とは認識せず、「幽霊」だと思い込んでいました。しかし、病院へ行って精神科医に診《み》てもらったところ、その「幽霊」が父親の声だということが判明したのです。

これを聞いて、私はさすがに驚きを隠《かく》せませんでした。性的虐待を受けていたというだけでなく、その声が幻聴となってずっと聞こえていただなんて……。どれほど性的虐待が彼女の心の傷となって残っていたのでしょうか。

私はK子さんに病院に通院してしっかり治療をしているのかと尋《たず》ねました。すると、彼女は驚くことを言ったのです。

「病院へは行ってない。お父さんの声を消したくないから」

どういうことなのか。彼女は次のように説明しました。

「虐待が嫌《いや》な記憶であることはたしか。だけど、彼は私にとってたった一人のお父さんでもあるの。本当はもっと話したかったし、写真も撮《と》っておきたかった。でも死んじゃったからそれはかなわない。だから、せめて声だけでも聞けるようにしておきたい」

父親の虐待は、K子さんの人生を壊したといえます。しかし、K子さんはそんな彼をかけがえのない父親だとも思っているのです。そして虐待の過去は認めつつも、その声とともに生きていきたいという……。

私は彼女のその言葉を聞くことで、虐待の加害者とか被害《ひがい》者とかいう分け方を超越《ちょうえつ》した家族のあり方を感じました。少なくともK子さんにとって父親は切り離《はな》すことのできない家族の一員なのです。その気持ちはいかなる人であれ、否定できるものではないのです。

ここまで紹介した風俗店の店長にせよ、K子さんにせよ、私が検査の仕事を通して得たのは人間が生きることとの本質のようなものでした。えげつないまでの欲望の世界にどっぷり浸っているにもかかわらず、人間として重要なものを本当に大切に抱《かか》えながら生きている。私はこれまで目をそらしてきた世界に、そうした光景が眠っていることを初めて知るのと同時に、愛おしさのようなものさえ感じました。

内心、私は彼らの生きる姿に、大学時代にアジアや中東で見てきた人たちと通底《つうてい》するものがあることに気づきつつありました。自分が見つめなければならないと思っていたことは、実は足元にもあるのではないか、と。

だけど、私は今更《いまさら》日本に目を向けるわけにはいきませんでした。検査会社の仕事は海外へ行く資金をつくるためにはじめたものであり、これまでの数年間ずっと途上国の路上で暮らす人たちを見つめるために勉強をしてきました。これまでの人生をかけて戦うべきことは、もう目の前にある。それを今になって切り捨てるわけにはいかなかったのです。

私はこの仕事を一年ほど手掛《てが》けたことで、ある程度のお金が毎月入ってくるようになりました。ロイヤリティーがあるので、今辞めて海外へ行ってもしばらくは定期収入がある。年齢《ねんれい》も二十代の半ばにさしかかっていました。二十代で世に出られなければ諦《あきら》めると決心していた以上、今出発するしかありません。

二〇〇二年の夏。私はアジアへ旅立つことにしました。外国へ行くのは、約一年ぶりのことでした。東南アジアから南アジアにいたる仏教の国を巡《めぐ》り、障害者や物乞《ものご》いの生き方を追っていくことだけは決めていました。現地に対するツテも出版の目途《めど》も一切ありませんでしたが、これまでつみ上げてきたことと全財産をかけて背水の陣《じん》で挑《いど》むしかありませんでした。

旅立つ前、私は家族に「海外で人類学の勉強をしてくる」とだけいって詳《くわ》しい旅の目的は一切説明しませんでした。ただ、傍《そば》で見ていたので、何をしようとしているかはおおよそ想像がついていたでしょう。両親、それに弟や妹までもが黙って餞別《せんべつ》をくれました。私の何かを信じてくれていたのだと思います。泣きたくなるほど嬉《うれ》しかったです。心の中で何度も感謝しました。

こうして、私は某日《ぼうじつ》、成田空港から飛行機に乗り、アジアへと旅立ったのです。これが後にデビュー作となる『物乞《こ》う仏陀《ぶっだ》』の旅でした。

アジアへ

『物乞う仏陀』の旅では、カンボジアをはじめとしてラオス、ベトナム、タイ、ミャンマー、スリランカ、ネパール、インドの八カ国が主な舞台《ぶたい》となっています。バスと飛行機をつかって一人で町から町へと渡《わた》り歩いたのです。

本の冒頭で描《えが》いたのは、カンボジアのシェムリアップという、アンコール遺跡《いせき》群を観光するための拠点《きょてん》となっている町でした。

町の一角には大きなマーケットがあり、毎日たくさんの外国人観光客がお土産を買いに集まってきます。そこには地雷《じらい》で足を失った元兵士や庶民《しょみん》が松葉杖《づえ》をついてたむろしており、観光客を見つけては金魚の糞《ふん》のようにどこまでもつきまとい、「お金をください」といいつづけていました。内戦によって地雷大国となったカンボジアならではの光景だといえるでしょう。中には足ばかりでなく腕《うで》までを失っていたり、障害のある赤子を抱えていたりする人もいました。

私は学生の頃からスラムや難民キャンプをよく回っていましたが、路上に暮らす障害のある物乞いと仲良くなった経験はほとんどありませんでした。赤い土埃《つちぼこり》が舞《ま》う中、彼らは全身から汗《あせ》の臭《にお》いを漂わせ、目をギラギラと光らせながらお金を乞うています。

なんとか彼らに声をかけて、「なぜ障害を持つようになったのですか」とか「なぜ物乞いをしているのですか」と尋ねようと思うのですが、恐《おそ》ろしくて躊躇《ちゅうちょ》してしまいます。そんなことを訊《き》こうものなら、その場で殴《なぐ》られるか、ナイフで刺されるのではないかという恐怖心《きょうふしん》が沸《わ》き起こり、一歩を踏《ふ》み出せない。

毎日のように私はマーケットへ行き、ある時は遠くから物乞いの群れを見つめ、またある時は話しかけようかどうか逡巡《しゅんじゅん》しながら物乞いがすわっている前を五回も十回も行き来しました。そんな私がようやく話しかけられるようになったのは、三日ぐらい経ってからでしょうか。萎縮《いしゅく》している私を後押《お》ししたのは、物乞いたちが楽しそうに過ごしている光景でした。

たとえば物乞いをしている男性の傍に妻がやって来て、生まれたばかりの赤ちゃんを二人で抱《だ》きしめてキスをしてかわいがっている光景、同じ物乞い仲間同士で地べたにすわり込み、ビールを飲みながら冗談《じょうだん》をいってお腹《なか》を抱えて笑っている光景、物乞い同士のカップルが人けのない路地で手をつないで微笑《ほほえ》んでいる光景……。

こうした人々の何げない姿を見るにつれ、私は彼らが自分となんら変わりのない人間であると思うとともに、彼らと話をしてどんな境遇と気持ちで物乞いをしているのか聞いてみたい、と強く思うようになったのです。それで勇気をふりしぼって案内役として雇っていたバイクタクシーの運転手とともに近づいていき、物陰《ものかげ》でコーラを飲んでいた三十代の男性に声をかけてみました。

彼はこういいました。

「君のことは何度か見ているから憶《おぼ》えているよ。日本人でしょう。知りたいことがあれば何でも訊いてくれ」

そうして家族のこと、地雷で足を失った時のこと、今の物乞いという仕事のことを普通に話してくれたのです。また、インタビューが終わった後も友達を紹介《しょうかい》してくれたりもしました。こうやって少しずつ輪を広げ、言葉を交わしていくうちに、私の不安は少しずつ薄《うす》れていったのです。

とはいえ、彼らとは言語が違《ちが》いますので、コミュニケーションを取るのは簡単ではありません。いくつか方法はありましたが、大きく分けると次の三つのようになります。

1　片言の英語を話せる物乞いと仲良くする方法。
2　現地で英語をしゃべれる人を見つけて案内・通訳してもらう方法。
3　現地の言葉を覚えて話しかける方法。

1については、結構います。観光地で物乞いをやっていれば、自然と片言の英語はしゃべれるようになりますし、教会で育った元孤児《こじ》などは幼い時から英語の勉強をしていたりするのです。特に、フィリピン、インド、マレーシア、ウガンダ、ケニア、南アフリカなど国内で英語が頻繁《ひんぱん》につかわれている国ではその傾向があります。

2は、通訳として人を雇う方法です。ただ、正式な通訳でなくても、スラムや町角ですわり込んで話をしていれば、現地の人に取り囲まれ、その中には一人か二人英語をしゃべれる人がいるものです。意思の疎通《そつう》に困っていると、そういう人たちがいつの間にか入ってきて通訳をしてくれることは珍しくありません。

3は、自分自身が簡単な言葉を覚えてコミュニケーションを取る方法です。途上国のストリートチルドレンや障害者というのは、教育を受けていないことがほとんどなので、日常のボキャブラリーが数百語しかありません。「あれ」とか「すげえ」とかいった抽象《ちゅうしょう》的な言葉で会話が成り立っているのです。

たとえば、「あれ（あの女）、すげえ（かわいい）」とか「あれ（あの男）、すげえ（怖い）」となる。そのため、百語、二百語を覚えれば、ストリートチルドレンのいっていることなら、大体わかるようになってくるという実情もあるのです。

でも、これら1、2、3の方法は決して厳密に分かれているわけではありません。現実には、これらの方法が入り交じってコミュニケーションが取られています。たとえば、インドネシアの市場で出会ったストリートチルドレンと簡単な現地語で話をしていたら（3）、途中で頭のいいボスが割って入ってきてペラペラと豊富な語彙《ごい》で話しかけてこられて話が通じなくなる。そしたら、近くの店の主人が私が困っているのに気づいて間に入ってきて、英語で通訳をしてくれる（2）ということがあるのです。

ちなみに、物乞いの生活を調べることにおいては、正式な通訳を雇っても有意義な結果が生まれることはあまりありません。物乞いの世界に詳しくないというのも一因ですが、物乞いたちと話をするのを嫌がるのです。特に階級社会であればあるほどその傾向は顕著《けんちょ》です。旅行代理店で趣旨《しゅし》を説明した時は承諾《しょうだく》してくれたのに、実際にはじめてみたら逃げられてしまったなんてことが何度もありました。

あれはタイのバンコクでの出来事でした。

当初、私は日本の大学に留学経験のある日本語ペラペラのタイ人を通訳として雇っていました。二日間はなんとか通訳をこなしてくれていたのですが、三日目になってパッポンという歓楽街《かんらくがい》の近くで物乞いを見つけました。顔中に火傷《やけど》を負っていて容貌《ようぼう》は原形をとどめておらず、所々膿《うみ》や血がにじんでいます。私がそんな彼女を呼び止めて話しかけたところ、通訳は「もう嫌だ！ 耐《た》えきれない！」といって突然《とつぜん》逃げ出してしまいました。

これにはさすがに困りました。すでに火傷を負った物乞いに声をかけてしまっていたからです。相手は顔中ケロイドで目が見えないので、一体何が起きたのかわからずに困惑《こんわく》しています。私も私で事情をうまく説明することができない。

そんな時、すぐ近くのゴーゴーバーで働いている二十代半ばの女の子がやってきて、英語で通訳をしてくれました。売春婦です。彼女は以前外国人客の多いナイトクラブで働いていたために英語が堪能《たんのう》だったので、私のいいたいことをちゃんとタイ語で伝えてくれました。

どうにか一時間ほどのインタビューを終えた後、私は彼女に手伝ってくれたことのお礼をいいました。すると、彼女は「面白そうだから、これから先も手伝ってもいいよ」と答えてくれました。「面白そう」なんていう人は滅多《めった》にいません。理由を尋ねると、次のような答えが返ってきました。

「私も物乞いするほど貧しい家庭に育った。だけど、私はたまたま女性として生まれたから売春という道で生きることができた。そう考えると、自分も物乞いになっていておかしくなかったわけだから、彼らのことが知りたいの」

こうして、彼女はガイド料を求めることなく、三、四日仕事のはじまる前の時間に私の手伝いをしてくれました。

こういう不思議な出会いも少なからずあり、私の旅を後押ししてくれたのです。

旅で得たもの

この旅で、どのようなことを得たのでしょうか。あまりに多すぎて一つにまとめることができません。一つひとつの出会いが、かけがえのないものでした。

ただ、無理を前提にあえてまとめれば、人間が生きるという当たり前のことがどれだけ悲しくて、美しくて、尊いものなのかを思い知らされた旅でした。

ミャンマーを訪れた時のことをお話ししましょう。

ミャンマーの商都マンダレーから少し行ったところに、ウーベイン橋という古い橋があります。地元の人たちの間ではちょっとした観光地になっており、日中は多くの家族づれが訪れます。

この橋の脇《わき》やたもとには、物乞いたちがたくさんすわり込んでいました。四十度以上の陽射《ひざ》しの下で、布きれをかぶり、義足を置き、病気のせいで指を切断した手を差し出して「お金をください」と喜捨《きしゃ》を求めているのです。

しばらく歩いて私が気がついたのは、この橋にいる物乞いの大半がハンセン病だったということでした。しかも病気がかなり進行した人ばかりでした。何かしらの理由が背景にあるに違いないと思い、尋ねてみました。すると、一人がこう答えたのです。

「近くの森にハンセン病の村がある。そこからみんな働きに来ているんだよ」

私はガイドとともにハンセン病の村へ行ってみることにしました。

森の奥にひっそりと隠れるようにして村はありました。約百五十人の人が暮らしており、そのうち五十人がハンセン病にかかっていました。もともとはハンセン病の人たちが集まって身を隠している村が全国に複数あったそうですが、それが次第にまとめられていったといいます。

ミャンマーではまだハンセン病に対する偏見《へんけん》が根強く、容易に人間に感染する恐ろしい病気と誤解されていました。顔などの変形がどんどん進んでいき、手や足も切断することになるため、必要以上に恐れて遠ざけようとします。そのためハンセン病の人たちは森に身を隠しながらも、食べていくために観光地で恐れられながら物乞いをしなければならなかった。それが私がウーベイン橋で出会った人々だったのです。

村を歩いてみると、道路は一カ所も舗装《ほそう》されておらず、外灯もありませんでした。密林を切り拓《ひら》いたところに、竹でつくった高床式《たかゆか》の一部屋の住居が並んでいるだけで、水は共同の井戸がいくつかあるだけです。私は村長の許可を得て、民家を一軒《けん》ずつ訪ねてそこで暮らしているハンセン病の人々にこの村に住むようになった経緯《けいい》を尋ねていったのです。

彼らの大半は、ハンセン病が発病した途端《とたん》に村で差別を受けて、家を出て行かざるを得なくなったということでした。感染を恐れた村々が追い出すように仕向けたのでしょう。その後、彼らはゆく当てもなく長い間身を隠しながら流浪《るろう》するようになります。ある人は幼い子供を連れ、ある人は妻とともに木陰《こかげ》で眠り、病気の症状を隠しながら物乞いをして食いつないでいく。

浮浪《ふろう》をする中で、彼らの病気はどんどん悪くなっていきますが、病院で治療を受けられる人はごくわずかです。彼らはハンセン病を診てくれる病院の場所がわからず、違う病院へ行けば医者に追い払《はら》われるとの恐怖から診察を受けに行こうとしないのです。そのため、病状はさらに悪化して動き回ることも難しくなる。そんな者たちが風の噂《うわさ》でハンセン病の村の存在を知り、最後の力をふりしぼって助けを求めるように身を寄せたのがこの村だということでした。

私は家を回って話を聞かせてもらうことで、彼らが受けてきた差別がどれだけ激しいものかを思い知らされました。ある男性には首を切って自殺を図った痕《あと》がありましたし、別の女性は子供に感染するといけないと思って堕胎《だたい》したことを告白してきました。みんな想像もできない地獄のような状況《じょうきょう》で生きてきたのでしょう。

こうしたインタビューを通して、非常に考えさせられたことがありました。私はインタビューの最後にかならず「あなたの夢は何ですか」と尋ねていたのですが、全員が決まって同じ答えを返してきたのです。それは次のようなものでした。

「物乞いで稼いだお金をお寺に寄付したい」

この言葉の意味がわかりませんでした。彼らはハンセン病を患《わずら》って寺からも見捨てられ、物乞いによってなんとか食いつないでいるような状況です。なぜお寺に寄付なんてしなければならないのでしょうか。

一人の女性は理由を次のように説明しました。

「お寺に寄付をすれば、功徳をつんで、来世ハンセン病じゃない人間に生まれ変わることができるでしょ。だから、お金を貯めてお寺に寄付をしたいの」

仏教の世界では、人間は輪廻《りんね》転生によって生まれ変わり、前世で功徳をつめば来世はより良い形で生まれ変われると信じられています。

ハンセン病の人たちは人生を通して迫害《はくがい》をされてきたことでずっと苦しみを背負ってきた。現世には一切希望を見出《みいだ》せない。死ぬまで苦しみつづけることしかできない。だからこそ、彼らはせめて生まれ変わった来世にわずかな希望の光を見出し、お寺に寄付をしたいと考えていたのです。

私はこれを聞いて、人間が貧困と差別にさらされて生きるとはどういうことかということを強烈《きょうれつ》に突《つ》きつけられた気がしました。人間は絶望だけでは生きていけません。何かしらの光を見出さなければ前に歩んでいけない。しかし、どうしても世の中にそれを見つけられない人たちは、来世という「幻《まぼろし》」に希望を託《たく》すしかないのです。

この出会いを通して、私はハンセン病の人たちがどんな闇《やみ》の底で生きてきていて、いかなる光を求めているのかということを一人でも多くの人に知ってもらいたいと思いました。

ミャンマー人であるとか、日本にはハンセン病差別がなくなってきているということは関係ありません。彼らがすさまじい差別の渦《うず》に巻き込まれながら、どれだけ必死になって生きてきたのか。この事実を知ってほしいと思いましたし、話を聞かせてもらった私には伝える義務があると思ったのです。

この強い思いが、私に原稿《げんこう》を書かせたのです。

もう一つ旅の体験談を記しましょう。

ミャンマーではハンセン病の人たちが絶望の中で胸に抱いている希望を見出しました。ただ、人間は誰もが重たい運命を一人で背負って生きていけるものではありません。時には、一人では抱えきれず、身近にいる誰かに助けてもらいながら進んでいかなければならないこともある。それを教えてくれたのは、ベトナムで出会った一人の女性でした。

ベトナムの南部の小さな集落に、トイさんという六十歳ぐらいの女性がいました。ホーチミンシティーの旅行代理店で雇った日本語ガイドとともにクチと呼ばれる地域の集落を巡り、多くの人に話を聞いている時に知り合ったのです。

トイさんは半生を戦争とともに過ごしてきた人です。生まれ育ったのは、熱帯雨林の森に囲まれた小さな町でした。彼女の生きてきたベトナムは第二次世界大戦、インドシナ戦争、ベトナム戦争など数多くの戦争の只中《ただなか》にあり、常に国のどこかで砲弾《ほうだん》の音が鳴り響《ひび》いていました。

そんな国で、彼女は産婆《さんば》として働いて生活していました。昼間は病院の産科に勤務し、夜は村の人たちに頼まれるままに産婆として一人でお産に立ち会うのです。それはベトナム戦争の最中でも同じで、国が北と南に真っ二つに割れ、世界を巻き込んだ戦争が行われている最中も、彼女は昼間は病院でお産の手伝いをし、夜は敵味方の区別なく頼まれるままに、時にはゲリラの基地にまで行って赤子を取り出していた。彼女にとってたとえどんな時代に誰の子供として生まれてこようとも、命はすべて平等でした。

やがて、戦争は悪化の一途《いっと》を辿《たど》ります。南ベトナムを支持していたアメリカ軍は、北ベトナム軍のゲリラ攻撃《こうげき》に手を焼き、彼らが身を潜《ひそ》めている広大な密林に飛行機から枯葉剤《かれはざい》をまきはじめたのです。枯葉剤にはダイオキシンが含まれ、それを浴びた罪もない住民に多数の健康被害が出たり、奇形児《きけいじ》が生まれたりしました。ベトちゃんドクちゃんのような双子が一つにくっついてしまう結合双生児などがそれです。

トイさんが住んでいたのは、枯葉剤が散布された代表的な地域でした。戦争が激しくなるにつれ、次第に奇形児が生まれることが増えてきました。これまで見たこともないような障害のある赤ちゃん。小さな病院の一産婆にすぎない彼女にはどこからどこまでが枯葉剤の影響《えいきょう》なのかわかりませんでしたし、わかったところで治せるわけもありません。ただお産に立ち会い、生まれてきた赤《あか》ん坊《ぼう》を母親に手渡すことしかできませんでした。

そんなある日、運命を変える出来事が起きます。立ち会った出産で、母親のお腹から「真っ黒くて四角い赤ん坊」が生まれてきたのです。口のようなものがあったものの、息をしているかどうかもよくわからず、トイさんは恐怖にすくんでいることしかできません。赤ん坊のかすかな心拍《しんぱく》は途切《とぎ》れかけており、十五分後には完全に停止しました。彼女は呆然《ぼうぜん》としたまま死んでいくのを見ていることしかできなかったのです。

トイさんはこの体験がずっと心に引っかかっていました。やがてこう考えるようになりました。

「あの子を前にして、何もしてあげられなかった自分が憎《にく》たらしい」

もしトイさんが手を差し伸べても、赤子は助からなかったかもしれません。しかし、新しい命を守る立場にいるのに、何もせずに赤子が死にゆくのを傍観《ぼうかん》してしまった。そんな自分が許せなかったのです。

これ以降、トイさんは産婆の仕事をする傍らで、自分が出産に携《たずさ》わって生まれた障害児たちの世話をするようになります。田舎の貧しい集落で、障害児が生まれれば、その介護《かいご》などに人手がかかり、貧困に拍車《はくしゃ》がかかります。母親が働けなくなったり、兄弟が学校をやめて世話をしなければならなくなったりするのです。

トイさんは障害児が生まれたことで崩壊《ほうかい》した家庭をたくさん見てきた。だからこそ、毎日のように障害児のいる家庭を回り、余分につくったご飯を配ったり、リハビリの手伝いをしたり、時にはお小遣《こづか》いをあげたりしたのです。産婆として出産に携わった以上、生まれた後も家族の手助けをしたいと思ったのでしょう。

トイさんはこういっていました。

「貧しい家庭では、障害児が生まれてバラバラになってしまうことがあります。貧しい家族はとてももろいのです。だからこそ、私のように近くにいる人間が一人ひとりしっかりと支えてあげなくてはならないのです。それが私が人としてやらなければならないことなのです」

この言葉は、私の胸に真っ直《す》ぐに突き刺さりました。

貧しい人の生活というのは、非常に脆弱《ぜいじゃく》なものです。障害児が生まれた途端に、簡単に亀裂《きれつ》が入り、一家が離散《りさん》してしまう。枯葉剤の被害を受けた地域では、そうしたことがいたるところであったのです。

トイさんは産婆としてではなく、一人の人間としてつらい運命にある家族を支えようとした。それによって、一体どれだけの家庭が救われたことでしょう。どれだけ多くの障害児が生きていくことができるようになったでしょう。

私はトイさんが「真っ黒くて四角い赤ん坊」の記憶を胸に抱えながら、今なお自分がお産に携わった障害児の家庭を回っている姿に感銘《かんめい》を受けました。医療《いりょう》制度もろくに整っていない地域で、彼女が持つ善意がどれだけ大きな助けとなっているのか。私はなんとかして彼女のことを描かなければならないという強い思いを抱くようになりました。

旅の中で体験した話を二つ紹介しました。他にもまだまだありますが、すべてを書き記すことはできませんので、細かいことについては、『物乞う仏陀』という著作を読んでいただければと思います。

ともあれ、このようにアジア各国を転々としながら何十人、何百人という障害者や物乞いと会ったり、言葉を交わしたり、時には一緒《いっしょ》に暮らしたりしてきました。その体験から学んだことは、私にとってかけがえのないことばかりでした。

しかし、旅が最初から最後まですべてうまくいったわけではありません。旅の過程で悲《ひ》惨《さん》な現場を目にし、耐えきれなくなって精神のバランスを壊しかけ、何もかも投げ出して日本へ帰ろうと思ったことが何度もありました。

最初の大きな挫折《ざせつ》は、タイのバンコクにいた時のことでした。カンボジア、ラオス、ベトナムなどを回ってからバンコクにもどってきたのですが、当時の私は各国での体験に打ちひしがれていました。路上にうずくまる物乞いや、障害児の母親がつぶやく言葉があまりにも重くて痛々しく、それを受け止められずにいたのです。

こんな状態で這うようにしてバンコクにもどったのですが、そこで目にしたのは、繁華街でくり広げられる男女の狂乱乱舞《きょうらんらんぶ》でした。飲食店がひしめく町は朝までネオンが灯《とも》り、あちらこちらで酔《よ》っ払った旅行者の男女が抱き合ったり、地元の売春婦と肩を組んで大声を出して騒《さわ》いだりしている。ダンスミュージックが鳴り響くバーでは次から次にビールやテキーラが空けられ、アルコールで汚れた札束が飛び交う。

私はこれまで見聞きしてきたものとのあまりのギャップに愕然《がくぜん》としました。同じ国の一方では物乞いや障害者たちが数十円がないために生と死のはざまを彷徨《さまよ》ったり、腐《くさ》った残飯を食べたりしているのに、この繁華街ではその何倍もの額のお金が快楽と虚栄《きょえい》心のためにあちらこちらで舞い散っている。

しかも、私は本来後者の側にいる人間です。少なくともこれまで会ってきた人々の目にはそう映っているはず。そう思った時、私は自分自身が最悪の人間のように思え、これから先どういう顔をして物乞いや障害者に会えばいいのかわからなくなりました。

その日から私は自分自身のアイデンティティを失い、突然体が痺《しび》れて寝たきりになりました。高熱にうなされ、激しい胃の痛みから何を口にしても嘔吐《おうと》してしまう。眠ることもできない。障害者に何もしない社会に腹が立ち、何もできない自分に絶望し、自分自身が外国人観光客の一人にすぎないことを受け入れられなかったのです。ベッドからなんとか這い出て安宿にすわり込んで、「もうこれ以上旅をつづける自信がない」「自分には何をする権利もない」と朝まで考え込む毎日でした。

そんな私を救ってくれたのは現地の人でした。ある日の午前三時頃、繁華街の裏にあるチャオプラヤー川のほとりにすわり込んでいたら、ニューハーフの売春婦が独りぼっちで立ちすくんでいました。見る限り、女装も板に付いておらず、顔はにきびだらけで、胸からはつめたタオルが見えています。きっと田舎から出てきて間もないのでしょう。何度か目が合い、しばらくすると彼女の方から歩み寄ってきて、片言の英語で話しかけてきました。

それによれば、彼女は予想通り数カ月前に田舎からバンコクに来たそうです。ニューハーフのボスの元に身を寄せ、夜になれば街頭に立って客引きをして売春で金儲けをしなければならないのですが、うまくいきません。朝になって帰る度にボスから怒《おこ》られ、つらくてたまらないというのです。

私はそれを聞いて、彼女に共感を覚えました。それで自分が旅で体験したことや懊悩《おうのう》していることを打ち明けたところ、彼女は次のように答えてくれました。

「私はあなたが間違《まちが》ったことをしているとは思わないわ。私のようなおかまはいつ物乞いになってもおかしくない。でも、そうなった時、あなたみたいな外国人に少しでも関心を持ってもらえたら嬉しいと感じると思うはずよ」

たしかに自分が物乞いだったら、外国人に顔をそむけて通り過ぎられるよりは、少しでも関心を持ってもらえると嬉しいと思うはずです。私はそれを聞いて、旅を終わりまでつづけようという気持ちになれたのです。

この後、私は南アジアへと飛びますが、そこでも大きな挫折がありました。詳細《しょうさい》は後述しますが、インドでは子供の物乞いについて調べていました。この国では地元のマフィアによって、幼い赤ん坊やストリートチルドレンが誘拐《ゆうかい》され、体を傷つけられて無理やり物乞いをさせられていたのです。貧困の行きつく果てにある悲劇と言っても過言ではない光景です。

私は子供に物乞いを強いるマフィアと接触《せっしょく》していくうちに、人間を信じることができなくなりました。これまでアジア各地の障害者や物乞いと触《ふ》れ合い、悲しい場面に遭遇《そうぐう》してもどうにか乗り越えてこられたのは、それを支える家族や友人の善意があったり、逆境を前向きに捉《とら》えようとする人の姿があったりしたからです。また、私がこの旅を通して描こうとしていたのも、そうした人間の力でした。

ですが、インドで直面した現実は、そうした人間の善意を真っ向から否定しました。お金のためだけに乳飲み子を誘拐するとか、小学生ぐらいの子供の目をつぶしたり、手足を切断して監禁《かんきん》した上で物乞いをさせるといった光景がくり広げられていた。

そうした事実を知ることで私の目には人間が野獣《やじゅう》のように映りました。これまで見てきた東南アジアの人々の善意の方が偽《いつわ》りであり、本当は人間なんて信じることができない獣《けもの》なのではないか、と。最後の最後で信じていた人間に裏切られ、旅を根底から否定されたような気持ちでした。

私は赤子や子供を助けられない無力感も相まって、完全に精神のバランスを崩《くず》していました。路上で子供を見ただけでそれがすべてマフィアにつかまっている子供のように見え、自分に助けを求めているように感じられるのです。全身が震《ふる》え出し、私は「ごめんなさい、ごめんなさい」と独り言で謝りながら通り過ぎて行きます。自分でも自分の異常に気がついていましたが、それを抑《おさ》えることができないのです。血尿《けつにょう》まで出ました。日本に帰って病院へ行くべきか、あとわずかな旅をつづけるべきか。狭間《はざま》で苦しみました。

この時とった行動は、日本の両親に相談するということでした。私は生まれて一度も悩みを親に打ち明けたことがありませんでした。絶対に弱い面を人に見せないというのが性分なのです。そもそも今回の旅の目的すら、伝えていません。それでも両親に連絡《れんらく》をしたのは、このままでは自分が壊れるのが明確だと察したからです。

母からすぐに返ってきたのは次のような言葉でした。

「家族全員心配している。何があったのか詳しいことはわからないけど、光太が初めてそんなことをいうんだからよほど大変なんだと思う。みんな、すぐに帰ってきた方がいいといっている。またチャンスはあるだろうから、今はとりあえず一度帰ってきて」

私は「帰ってきていい」といわれたことで、救われたような気持ちになりました。これまでは「絶対に成功するまで帰らない」「家族や友人に合わせる顔がない」と自分自身を追い込んでいました。そうすることで退路を断って旅をつづけていたのです。しかし、初めて苦しみを少しだけ打ち明けたところ、心配しているから帰ってこいといわれたことで、心の重荷が少しだけ軽くなった気がしました。私は冷静になって自分自身を見つめ直し、こう考えました。

「もう少しだけやってみよう。それでダメなら帰ればいい」

こうしてインドに残ることにしました。もちろん、その後も苦しいことはたくさんありましたが、なんとか乗り越えて旅を最後まで終えることができたのです。

恥《は》ずかしながら、私の挫折体験を書きましたが、この旅を通して私が得たのはなんだったのでしょうか。

思えば、初めて大学一年の時にアフガニスタン難民を目にして感じたのは、不条理の中で生きる人間のエネルギーのようなものでした。貧困の底でうごめくように生きている人間を目にして、その生命の根本に何があるのかを見てみたかった。それがすべてのはじまりでした。

実際に、アジア各国を旅しながら、私はそのエネルギーの一つひとつに触れて、その源に何があるかを確かめようとしました。そこで知ったのは、差別や戦争によって悲劇のどん底に叩《たた》き落とされながらも、人は善意や希望を必死に抱きしめて生きているということでした。

ミャンマーのハンセン病の人々は病気によって長い間いわれのない差別を受けながら、「来世こそハンセン病でない人間として生まれ変わりたい」という希望を抱いて密林で暮らしていました。ベトナムのトイさんであれば黒くて四角い赤ん坊に何もできなかった過去を自らへの戒《いまし》めとした上で、村の新しい命を支えていきたいという思いで生きていました。

私は現地で膝《ひざ》を突き合わせて彼らと語り合い、知られざる過去を突きつけられる度に、頭が真っ白になるほどの衝撃《しょうげき》を受けました。時には感動して涙《なみだ》を流し、時には価値観をひっくり返されて狼狽《ろうばい》しました。私はそんなことをくり返していくうちに、自分が書かなければならないものが少しずつ見えてきたような気がしました。人間が人生を歩んでいく上でもっとも大切にしなければならないものが、その体験の奥の方で光っているように思えたのです。

ただ、まだ二十代の半ばだった私には、その光っているものが何なのか一言で表すことはできませんでした。いや、何歳になったところで一言にまとめることなど不可能かもしれません。

ならば、「貧困を撲滅《ぼくめつ》するにはこうすべし」などと論をぶち上げるのではなく、人間が現地で生きている姿を一つひとつ丹念《たんねん》に描写《びょうしゃ》することで、読者に問題提起をし、考えてもらうべきではないか。私が現地で受けた感動をそのまま描くことで読者にそれを感じ取ってもらうべきではないか。

旅を終え、飛行機で日本に向かっている間、私はノートを握《にぎ》りしめたままずっとそのことを考えていました。

デビュー作を出す

帰国後、半年ほどかかって原稿を完成させました。それが、『物乞う仏陀』の原稿です。内容は、カンボジア、ラオス、ベトナム、タイ、ミャンマー、スリランカ、ネパール、インドの八カ国を舞台に、障害者や物乞いとの出会いを描いたものです。

完成したのは夏頃だったと思いますが、出せる限りの力をすべて出し切って描いたつもりでした。少なくとも自分にできることはすべてやったという気持ちです。作品が受け入れられるかどうかはわかりませんが、絶対に記録しなければならないことを書くことはできたという自負はありました。

とはいえ、この本は簡単に出版されたわけではありません。私は出版社に就職したり記者として働いたりしていたわけではないので、いわゆる大手と呼ばれる会社の編集者とのつながりはゼロに等しい状態でした。原稿を書き上げたところで、編集者に読んでもらって出版するというルートがなかったのです。

私にあった方法は、新人賞への応募《おうぼ》でした。ちょうどある大手出版社がノンフィクションの新人賞を設立したばかりであり、その第二回に応募したのです。大賞に選ばれれば、単行本として出版してもらえるということになっていました。

出版社から連絡が来たのは、冬の終わりの雨の日だったと記憶しています。留守にしていたので折り返して電話をしたところ、編集者から私の作品が最終選考に残ったことを伝えられました。数日後、私はその出版社の会議室に呼び出され、次のようにいわれました。

「この原稿は素晴らしいと思います。きっと受賞すると思います。最終選考があるので、それに向けて磨《みが》き上げていきましょう」

このチャンスを逃《のが》したら次はないかもしれない。私は編集者から指摘《してき》されたところを一週間ほとんど眠りもせずに直しました。ゲラを渡す日、徹夜《てつや》のままバイクに乗ってフラフラになりながら行った記憶があります。あまりにもげっそりしていたのでしょう、編集者に「相当苦労しましたね。顔に出ていますす」と驚かれました。

最終選考はそれから一、二カ月後ぐらいでした。春だったと思います。しかし、選考会は残念な結果に終わりました。四人いた選考委員のうち一人が猛《もう》反対したことによって受賞を逃すことになったそうです。後になって複数の関係者から聞いたのですが、かなり理《り》不尽《ふじん》な理由だったようです。

今でこそ、この賞は最終選考で落選しても、編集者が面白いと思えば出版してもらえるようになっています。しかし、当時は賞が設立されて間もなかったこともあり、編集者からは「建前上、落選したものを出版するわけにはいかないということになっている」といわれました。つまり、この本を出すことはできないということです。

私はそれを聞いた瞬間《しゅんかん》、これでやってきたことは終わったのかという不安に駆《か》られました。しかし、ここまで人生をかけてやった以上、今更《いまさら》諦めるわけにはいきません。幸い三十歳までは時間があるし、検査会社の事業で得たロイヤリティーが毎月定期的に入ってきていました。

私は出版社の編集者の「新作を書いて来年度の募集《ぼしゅう》に応募したらいい」という勧めに応じて、すぐに中東をはじめとした国々へ、今度は難民を巡る旅へ出ることにしました。もう一度書いて応募して勝負しよう。これこそ最後のチャンスだ。そう考えていました。

ところが、これをするには時間が明らかに足りませんでした。半年弱中東を中心に滞在しましたが、前回と比べて明らかに時間が不足しており、『物乞う仏陀』を凌《しの》ぐほどのボリュームになりませんでした。特に複数の国を題材にしようとした時はそれが顕著《けんちょ》に表れてしまうのです。焦っていた上に、未熟だった私はそこまで計算することができなかったのです。これだけで一冊というのは断念しなくてはなりませんでした。

私は二回連続で出版に失敗し、意気消沈《しょうちん》していました。難民の話については、引き続き海外へ行って調べることをつづけていましたが、日一日と「二十代で世に出る」という目標は達成するのが難しくなってきているのは明らかです。もう諦めなければならないかもしれないという自分自身の声が聞こえてくるようになりました。

そんな時、奇跡《きせき》が起こるのです。

ある日、Ｈさんという女性から唐突《とうとつ》に連絡がきました。Ｈさんは前回私が落選した新人賞の選考会に立ち会っていた方でした。詳しく明かすことはできませんが、選考会の関係者として同席していたのです。

Hさん自身は『物乞う仏陀』が受賞するにちがいないと思っており、周りの編集者も同じ意見だったそうです。ところが、選考会はあまりに理不尽な議論に発展し、受賞を逃してしまいました。Hさんはその一部始終を目にして憤慨《ふんがい》して、あるルートを辿って私に連絡をくれたのです。そうして次のようなことを提案してくれたのです。

「あの選考会はあまりにひどかった。議論にさえなっていない。もし担当の編集者がこれを本にしないというのであれば、私が別の出版社に持ち込んで出版にこぎつけたいと思います。この本は絶対に埋《う》もれさせてはいけません。私に任せてもらってもいいですか」

Hさんは出版社を裏切り、別の出版社に私の原稿を持ち込むというのです。詳しくは書けませんが、彼女の立場であれば絶対にやってはならない行為《こうい》だったはずです。しかし、Hさんはそれを承知の上で、私の原稿を本にしようとしてくれたのです。

私にとっては、一世一代のチャンスです。ぜひこの原稿を本にしてもらいたいと頼み、Hさんに全面的にお任せすることにしました。

文藝春秋から連絡があり、Hさんとともに紀尾井町《きおいちょう》の会社へ行くことになったのは数週間後のことでした。Hさんがご自身のつてをつかって文藝春秋で単行本編集をしている人に経緯を説明した上で持ち込んでくださり、出版が決まったのです。最初に文藝春秋のカフェへ行き、局長さん（後の社長）と編集者にかけられた言葉は今でも憶えています。

「うちで出版したいと思います。××社（賞を主催《しゅさい》していた会社）には、うちで出版すると伝えておいてください。タイトルも、石井光太という著者名もそのままでいきましょう」

闇の中に一本の道が通ったような気持ちでした。

こうして、この年の十月に私はデビュー作『物乞う仏陀』を出版することになったのです。二十八歳の時のことでした。

私にとってはここからが勝負でした。新人賞を取って世に出るわけではないので、大々的に広告をしてくれるわけがありません。普通に出版されても、名もない新人の紀行など手に取る人はほとんどいないのは明らかです。

もし作家としてやっていきたいのならば、この一作をある程度売って次回作につなげていかなければなりません。また、私に話を聞かせてくれた障害者や物乞いたちの思いを一人でも多くの人に伝える必要がありました。それが私が果たさなければならない彼らに対する責任だったのです。

私は『物乞う仏陀』を売るべく、友人に手書きのPOP（書店にある推薦《すいせん》文が書かれたカード）をつくってもらい、自分でチラシやポスターを作成して、カラーコピーで印刷。それをリュックにつめて中古のバイクにまたがり、東京、神奈川、埼玉《さいたま》、千葉《ちば》の書店をほぼすべて二週間かけて回りました。飛び込みで店長や担当者を訪ね、頭を下げてこう頼んだのです。

「どうか僕の本を置いてください。お願いですから売ってください」

平身低頭お願いすれば、一冊でも置いてくれるはずという一心でした。朝から晩まで、どんな小さな書店でも見つければ飛び込んでいきました。

とはいえ、現実は厳しいものでした。部数は限られていますし、書店員が売れないと判断して注文をしなければ送られることもありません。特に名もなき新人の海外ルポなんて小さな書店に置いても売れないのです。

書店員の態度は決して温かなものではありませんでした。私が頭を下げて「このたび本を出したのですが、取り扱っていただけませんか」と切り出した途端、顔も見ずに「ああ、うちは無理だから。諦めて帰って」といわれて追い払われたことは数えきれません。もちろんPOPやチラシすら受け取ってもらえない。

もし取り寄せても売れなければ、彼らが損をしてしまうのです。本の著者など山のようにいますので一々頼みに応じていたら膨大《ぼうだい》な赤字を出すことになってしまいかねない。それでも私は諦めずに書店を回りつづけました。

悔しい思いをしたことも、失望したことも数えきれませんが、素晴らしい出会いもありました。その一人が、紀伊國屋書店の本店に勤めている小出和代《こいでかずよ》さんです。最初私は「紀伊國屋書店なんて大きいところは追い出されて終わりだろうな」と思いながらダメ元で入っていきました。

一階の新刊コーナーの隅《すみ》で制服を着た女性の店員が棚《たな》の整理をしています。私は近づいていき、恐る恐る声をかけてみました。持ってきたチラシとＰＯＰを出して、趣旨を話しました。すると、その方はいきなりこういってくれました。

「これは絶対に売れると思う。本が届いてカバーを見てすぐにそう思いました。協力しますのでどんどん売っていきましょう」

彼女が小出さんだったのです。私はこれまでの努力が報われた気持ちになって全身に力がみなぎってくるのを感じました。

数日後、気を良くした私はアジア各地で撮ってきた写真を片っ端《ぱし》から現像して、再び紀伊國屋書店の小出さんの元を訪れました。買ってくれた人に写真を配ってほしい、と頼んだのです。

今考えれば無茶苦茶なお願いですよね。なんせ、その写真はアジアの路上の物乞いや障害者たちだったのですから。そんなものを書店内で配ったら、お客さんもドン引きです。でも、言い訳をすれば私としてはそれだけ本を売りたいという気持ちだったのです。

さすがに小出さんは「こりゃ、まずい」と思ったのでしょう、代案としてこれらの写真をパネルにして店内に飾《かざ》りませんかと提案してくれました。そして、自ら写真をハサミで切り、キャプションをつけ、推薦文を書き、店内で一番目立つところに大々的に飾ってくださったのです。新人の海外ルポが、ベストセラー作家の本より明らかに目立って配置してもらえることになった。私は涙が出るほど嬉しかった。

その後、私は今に至るまで小出さんと親しくさせてもらうのですが、この時の体験はとても大切なことを教えてくれました。言葉にすれば、次のようなことです。

「本当に必死になってやったことは、人の心に響く。人の心に響けば、たとえどんな困難にぶつかったとしても、それはいつか形になる」

Hさんや小出さんとの出会いによってそう思わせてもらったのです。

きれいごとでいっているわけではありません。かれこれこの仕事を十年近くつづけていますが、その経験からもいえることです。がむしゃらにやって人の心を揺《ゆ》るがすことができれば、それはかならず伝播《でんぱ》していくものなのです。

それをデビュー作の時に感じることができた私は、非常に幸運だったと思います。

二作目の壁を越える

こうして私は作家としてのキャリアをスタートさせることになったのですが、同時に大きな試練にぶつかります。二作目を書かなければならないということです。

処女作の評判は上々でした。出版後すぐに毎日新聞の書評欄《らん》で作家の大岡玲《おおおかあきら》さんが取り上げてくださったことがきっかけになって増刷され、その後も新聞や雑誌やテレビ番組で紹介されました。

しかし、これですべてがうまくいったわけではありません。作家として認められるには、二作目、三作目と間を空けずに出していかなければなりません。しかも、それらはデビュー作よりさらに優れたものでなければならないのです。もし一作目より明らかにレベルが落ちていたら、書き手としての能力の低さを露呈《ろてい》することになり、書きつづけていくことは難しくなります。

出版後真っ先に声をかけてくれた一人が、新潮社のAさんでした。その後今に至るまで私の代表的な作品を手掛《てが》けてくれる女性編集者です。発売してから二週間後ぐらいにメールをくださり、新宿《しんじゅく》の喫茶店でお会いしました。年齢は、私よりほんの少し上です。彼女はすぐにこういいました。

「二作目を新潮社で書いてください」

出版の世界で作家がどこの会社で仕事をするかは「早い者順」です。早くに声をかけてもらって承諾したところが優先されるしきたりなのです。

それに、私にとって新潮社は日本の文学を背負ってきた出版社という意識があり、一度でいいからここで書いてみたいと思っていました。尊敬する作家の本が多数並ぶ新潮文庫に、自分の本を入れるのが目標の一つでもありました。

私はその場で即答《そくとう》しました。

「来月すぐに旅に出ます、全力で書きますので、ぜひお願いいたします」

実はこの時、頭の中には次回作の構想があったのです。それは「イスラーム世界における性を巡る旅をする」ということでした。

なぜこのようなテーマを選んだのでしょう。

一つは、『物乞う仏陀』の旅の中で感じた疑問を解き明かしたいというものでした。路上で知り合った物乞いたちの大半は、重度の障害があったとしても恋愛《れんあい》をし、結婚《けっこん》をし、子供を産んでいました。そして家族を愛していた。私は親しくなるにつれ、こうした人間としての営みがまさに彼らにとって生きるための精神的な支柱になっているのではないかと思うようになりました。

人は貧困の底で独りぼっちで生きていくことはできません。何かしら気持ちを支えたり、なぐさめたり、奮い立たせるものがなければならない。彼らにとってそれが恋人《こいびと》とか、家族とか、子供といったものなのではないか。そういう思いがあったからこそ、私は性の世界に分け入ってみたいと考えたのです。

私はこの本を書くためには二十代のうちに旅に出なければならないと思っていました。性をテーマにしている以上、二十代の人間がやるのと、三十代の人間がやるのとでは、自分の感覚も読者に与《あた》える印象も異なるはずだからです。

幸い、私は『物乞う仏陀』の旅を終えてからも、難民を巡る旅も含めて合計すればかなり長い間海外に滞在していました。その旅で得た性に関する体験談をうまく織り込むことができれば、一年に満たない期間であっても十分な分量の紀行になると計算しました。

そして二作目を新潮社で書くと約束した三週間後。二〇〇六年の年が明けてすぐ、私は中東をはじめとしたイスラームの地へ旅立ちました。これが、後に『神の棄《す》てた裸体《らたい》』としてまとめられる旅です。

この旅では、レバノン、ヨルダン、アフガニスタン、パキスタン、イスラーム教徒が多く暮らす国など様々な国を回りました。

私はすでに五十カ国ほどを回った経験があり、紀行文を書く目的で数カ月間の長旅をするのも三回目でした。しかし、デビュー作の時と同じぐらいに緊張《きんちょう》していました。イスラームの性の世界に踏み込むのは初めてですし、そこにどのような光景がくり広げられているのかわかりませんでした。

特に二〇〇六年は五年前に起きたアメリカ同時多発テロが引き金になってはじまったアフガニスタンやイラクでの戦争によって、これまでにないほどイスラーム世界が混沌《こんとん》としていて治安が悪くなっている時期だったのです。性の世界を調べるのだとしたら、性風俗などにも切り込んでいかなければなりませんが、はたしてそんなことが可能なのかという不安がありました。

最初は様子を見るためにも、東南アジアのイスラーム国インドネシアからはじめることにしました。ちょうど二カ月前にテロ組織がバリ島爆弾《ばくだん》テロ事件を起こして外国人犠牲《ぎせい》者が出たばかりでしたが、それでも中東に比べれば勝手知ったるところもあったので、アジアから中東へ広げていくような形でやっていくことにしたのです。

現地で話を聞く方法としては、デビュー作同様にフィールドワーク的手法をつかうことに決めていました。私は学生時代に民俗《みんぞく》学や人類学を好んで勉強していたことから、物を調べる際は当時から現地の人たちと寝泊《ねと》まりして、フラットな視線で生活や考え方を見ていく方法をとっていました。それが、私が読者だったと仮定した場合に一番読んでみたい視点だったのです。

インドネシアで私は売春宿で働かせてもらうことにしました。ジャカルタであれば、スラムの住人たちが終電の過ぎた線路の上に仮設のバーやスナックを建てます。そこに売春婦たちが集まってきて、女将《おかみ》に紹介されるように男性客とくっつく。男女は金銭交渉を終えると、三十メートルほど離れたところにあるベニヤづくりの小屋の〈連れ込み宿〉にしけこむのです。私は頼み込んでその小屋の清掃《せいそう》係をやらせてもらうことで、出入りする売春婦たちと仲良くなっていろいろなことを聞くことにしたのです。

このようなことをさしたる抵抗もなくできた理由の一つに、私が大学卒業後にしていた検査会社の仕事があったと思います。あの時の経験から性風俗がどのようなものであるかわかっていましたし、性感染症などの知識が豊富なので医者の真似事をして信頼を得ることができたのです。ヨルダンの首都アンマンにあるナイトクラブでは、ホステスが性感染症にかかっているのを見破って医者と見なされたこともあったほどです。

ただ、実際にそこで働くのは簡単なことではありませんでした。鼻がねじ曲がるほど臭く、汚い。もう、入った途端に吐《は》いて逃げたくなるぐらいです。

具体的に述べれば、売春宿では使用済みのコンドームやらティッシュがそこらへんに捨てられていますし、ベッドはシミだらけで虫が発生してすさまじい臭気《しゅうき》につつまれます。あとは、巨大な蟻《あり》がそこかしこに巣をつくっていて、コンドームやティッシュについた精液を食べている。酔った客の吐瀉《としゃ》物もそこらじゅうにある。信頼を得るためとはいえ、そこで毎晩奴隷のように働くには相当の忍耐《にんたい》が必要でした。

それでも私は売春婦たちのおかげで仕事をつづけることができました。彼女たちは厳しいイスラーム社会で宗教に反して売春をしているだけあって様々な過去を背負っていて、人の痛みやつらい思いがわかる。私が困っていればすぐに助けに来てくれましたし、仲良くなれば兄弟のように心を開いてくれた。そうした人たちに支えられて、私は少しずつイスラーム世界の性について調べていったのです。

たとえば、ヨルダンではこんな出会いがありました。

ヨルダンは中東のイスラーム国家ですが、首都アンマンには女性ホステスを置いているナイトクラブがあります。日本でいえば、ラウンジのようなところですね。ビールやワインを出し、ホステスが客を取り囲みます。彼女たちは売春もしており、交渉が成立すれば、外の連れ込み宿などへ行きます。

私は実態を調べるため、ナイトクラブで働かせてもらっていました。仲良くなったホステスの一人に、ウワイダという二十五歳の女性がいました。イラク戦争から逃れてきたイラク人売春婦で、毎晩店の中央にあるステージでダンスを踊《おど》り、声をかけてくれた客とホテルへと消えて行きました。

ホステスの大半は売春をするといっても週に一回あるかないかですが、ウワイダは毎日でした。しかも、ほとんどただ同然で体を売っていたのです。そのため、同僚のホステスたちからは「ウワイダのせいで売春の価格が下がっている」とか「客を全部取られている」などといわれて憎まれていました。

なぜ彼女は毎日のように男性を誘《さそ》っていたのでしょう。そもそもイスラーム世界では、売春婦は地獄に落ちるといわれており、ウワイダ自身体を売っていることに非常に強い罪悪感を覚えていました。私と一緒に夜にハーブ入りのコーヒーを飲んだり、店の物陰《ものかげ》で話をしたりしている時も、時折急に暗い表情をして「私は地獄に落ちるんだ」とつぶやいていました。それなのに、なぜお金ももらわずに男性に抱かれていたのでしょう。

ある晩のこと、ウワイダが酔いつぶれたことがありました。客にたくさん飲まされて酩《めい》酊《てい》してしまったのです。その時、ウワイダは毎日のように男性に抱かれる理由について次のように話してくれました。

「私はイラク戦争によって両親や姉妹を失ったの。実家から数キロ離れたところに住んでいたんだけど、実家のある地域が狙《ねら》われてしまった。一晩中、銃と砲撃《ほうげき》の音が聞こえて、翌日に駆けつけたらみんな死んでしまっていた。それ以来、夜になって眠っていると、あの日聞いた銃と砲撃の音が聞こえてきて目を覚ましてしまう。怖くて体が震えてどうしようもなくなる。だから男の人に傍にいてもらいたい。お金なんていらない。誰かが傍で寝ていてくれないと耐えられないの」

彼女の耳の奥には、家族が殺された時の銃声や爆発音《ばくはつ》がはっきりと残っており、時折フラッシュバックのように思い出されるのです。そして男性と一緒にいることで少しでもそれを忘れようとしていたのです。男性の体温が、彼女の壊れそうな精神をギリギリのところで保たせていたのでしょう。

私はこのウワイダと出会ったことで、異性が傍にいてくれることがどれだけ慰《なぐさ》めになるのかを知りました。日常生活が幸福であれば、人はそこまで他者のぬくもりに依存《いぞん》せずに済みます。しかし、心に傷を負い、その恐怖から逃れたいと強迫《きょうはく》観念に駆られている人にとって、夜を越すのに男性の添《そ》い寝はなくてはならないものなのです。戦争が一人のイラク人女性をそんな状態にさせてしまったのです。

私はウワイダの男性を求める姿を通して戦争の残酷《ざんこく》さを描けないかと考えました。そこにこそ戦争に翻弄《ほんろう》される人間の悲しいさがあるように思えたし、それはかならず日本人にも共感してもらえると考えたのです。

また、イランの国では、家族のあり方について深く考えさせられました。イランのケルマンシャーという町からイラク国境に向かう途中《とちゅう》の小さな集落。そこには両国をまたいで定住しているクルド人たちが暮らしており、そこである女性に出会ったのです。

彼女は隣国《りんごく》イラクで生まれたクルド人でした。かつてイラク国内では、サダム・フセイン元大統領によるクルド人に対する迫害が行われていました。政府によるクルド人虐殺《ぎゃくさつ》事件も起き、彼女も結婚して間もなく夫を殺されてしまいました。当時、彼女は夫との子供をお腹に宿していたのですが、このままでは自分も殺されるかもしれないと危惧《きぐ》し、砂《さ》漠《ばく》を横断してイランへと逃げてきたのです。

しかし、イランは厳しいイスラーム国家であり、妊娠《にんしん》したクルド人女性難民が一人で集落で生活していくことは難しい。困り果てていたところ、今の夫が彼女に手を差し伸べてくれたのです。彼はすでに二人の妻を持っていましたが、彼女を三番目の妻として迎《むか》え入れて、生まれてくる子供ごと世話をすることにしたのです。一夫多妻制というと女性差別と考えられがちですが、貧しい地域では独り身の女性を男性が責任を持って引き取って養ってあげるためにある制度でもあるのです。

彼女はこういっていました。

「私は、夫に感謝している。あの時、夫が前の二人の妻を説得してくれなければ、私は砂漠で行き倒《だお》れになっていたはずだから」

私はそれを聞いて、日本とイランとの結婚の違いを感じました。

日本では結婚の多くが形式的なものでしょう。しかし、行き倒れ寸前まで追い詰められている難民の女性にとって、結婚は夫が示してくれた生涯《しょうがい》にわたって責任を持って生活を共にするという誓《ちか》いの証なのです。

私には、難民の女性が砂漠の中を歩いて逃げてきて、途方《とほう》に暮れていた時に夫が三番目の妻として迎え入れてくれた話が美しい救いの物語のように思えました。砂漠の片隅《かたすみ》で男と女がそんなふうに助け合って生きていることを少しでも多くの人に知ってもらいたい。一夫多妻という制度が人を助けることにつながっている側面をきちんと理解してもらいたい。率直にそう思ったのです。

性の業

こうした旅の末に、私は人間の性における業のようなものを目の当たりにすることになります。バングラデシュの首都ダッカの公園に暮らすストリートチルドレンを訪ねた時のことでした。

その子は、レジミーという名前でした。小学五年生ぐらいで、目がパッチリと大きくてかわいらしい女の子でした。家庭の事情で家族から離れ、七歳の時から三年ほど市内の公園で寝泊まりして暮らしてきたそうです。どの公園にも同じ年頃のストリートチルドレンがたむろしており、彼らと一緒に助け合いながら生きてきたのです。彼女はシラミを取り除くために髪《かみ》をスポーツ刈《が》りにしていました。

毎日彼女たちは町に落ちているゴミを拾って売ったり、公園に遊びに来る家族連れに飴《あめ》玉《だま》を売ったりしてわずかばかりのお金を集めて暮らしていました。しかし、雨季の人足が途《と》絶《だ》える日や、必死に売っても買い手がつかない日があり、常に食べていくのに十分な額が稼げるはずもありません。そこで女の子たちは商売の傍らで体を売らなければならなくなります。

ただ、小学五年生ぐらいの、公園で暮らす垢《あか》だらけの少女を求める男性にまっとうな人間はいません。当然、集まってくるのは小児性愛など倒錯《とうさく》した衝動《しょうどう》を抱えた大人が大半。それでもレジミーは公園の片隅で声をかけてくる大人たちを受け入れていたのです。

当時、レジミーの元に通っていた男は、お尻《しり》に小石を入れるという変質的な行為を好んでいました。彼女の衣服を脱《ぬ》がせ、公園に転がっている小さな石ころを一粒ずつ入れて喜ぶのです。

レジミーは男から呼び出されれば応じていましたが、終わった後は「痛い、痛い」と目に涙を浮《う》かべながら、お尻に入れられた石ころを取っていました。尖《とが》った石には血がついており、嫌な臭いがしていました。

私はこうした現場に何度かいあわせました。訊いてみると、パン一枚と引き換《か》えにこれを許したといいます。いや、時にはパンすらもらわないこともあるとか。

言葉が出ませんでした。レジミーがお金のためにやっているならばまだしも、なぜそんな男の要求に応じているのかがわかりませんでした。何ももらえないのに、お尻に小石を入れられて嬉しい子なんていません。どうして逃げずに男と一緒にいようとするのでしょう。

ある日、私はレジミーに対してこういいました。

「どうしてあの男から離れないのか。嫌なことをされているなら拒《こば》めばいいじゃないか」

すると、彼女は驚くことをいいました。

「あの人はいい人だよ。とってもやさしい」

「やさしい？」

「うん。家に連れて行ってくれることもある。そしたら、温かなベッドで寝かせてもらえる。それにあの人はずっと抱きしめてくれる。私を両手でしっかり抱きしめてくれるもん。だから一緒にいたいの」

私にとってこの言葉は衝撃的でした。

レジミーはストリートチルドレンとして生きているため、日頃ゴキブリのように扱われてきました。町の人たちから怒鳴られ、追い払われ、野外で垢だらけになって暮らさざるを得ない。

しかし、十歳の女の子であれば、「かわいいね」といってもらって抱きしめられたいと願うものです。寂しさを埋めるためなら、体を好きなように弄《もてあそ》ばれてもいいとさえ思う。それで彼女はやさしくしてもらいたいという一心で、変質者のいいなりになって、小石をお尻に入れるのを許していたのです。

私はレジミーに会ったことで、これまで世界を巡る中で漠然と感じていたものが形を帯びた気がしました。この世は非常に厳しく、ほとんどの人間は生きていくのにやっとなのです。傷だらけになり、苦しみ、もがきながら生きている。

そんな中で、人が心に開いた穴を埋めようとした時に求めるのは、他者のぬくもりです。体に触れ、抱き合い、時にはすがりつくことでわずかな体温を感じ取り、安心しようとするのです。それに触れている間だけは厳しい生活のことは忘れられる。たとえそれをつづければ破滅《はめつ》に向かうとわかっていても、求めずにはいられないのです。

私はこうした人間の姿に業を感じるとともに、そこまでして生きようとする人間を愛くるしくさえ思いました。その人を取り巻く状況は厳しくて悲惨なものであることには違いありません。しかし、それでも他者のぬくもりを渇望《かつぼう》してまで生きていこうとする真っ直ぐな姿はあまりにも純粋《じゅんすい》で、美しくさえあったのです。

考えてみれば、このことは『物乞う仏陀』の旅をはじめとして、世界の様々なところで出会った人々に対する感動にも通底することでした。人間は非常に弱くてもろい。一人では生きていけないほど脆弱なもの。だからこそ、真っ暗な世界の中で人のぬくもりなど光を血眼《ちまなこ》になって探し、それにすがりつきながら生きていこうとする。

人間が他者とかかわらなければ生きていけないことの根底には、そうした人間の業のようなものがあるのではないでしょうか。だからこそ、その業にしがみつくように他者を求めながら生きる姿を見た時、私はそれに強く共感するとともに、愛おしいと心から思ったのです。

『神の棄てた裸体』の旅は、人間が生きることの業の一つを私に明確に示してくれたように思います。

第3章
Episode3

小さな神様の発見

レンタルチャイルド

一作目につづいて二作目の『神の棄《す》てた裸体《らたい》』もある程度版を重ねた後、単行本としては三作目（新書も含《ふく》めれば四作目）に出したのが『絶対貧困』という本でした。

この本を担当してくれたのは、光文社の男性編集者Tさん。『神の棄てた裸体』を出版した直後、私は七、八カ月アフリカを中心に世界各国を回っていたのですが、その合間に一週間だけ用があって帰国したことがありました。その際に、Tさんに連れられて神楽坂《かぐらざか》の居酒屋で言われたのが次でした。

「これまでの取材もののルポとは別に、二十代でした旅から学んだことを総括《そうかつ》するような本を書いてほしい」

つまり、これまで体験してきたことを何かしらの形で一冊にまとめるようにとのことです。

私はそう言われて、以前から温めていた企画《きかく》を思い出しました。それまで貧困問題についての本といえば、開発学などを専門とする研究者が書いたような本しかありませんでした。それはあくまで世界の貧富の格差を数値化して、いかに持続可能な政策を提言していくかという内容が主でした。

私はスラムや路上や売春宿に住み込《こ》んで様々なことを調べた経験から、これとはまったく別のアプローチで貧困を捉《とら》え直すことが必要ではないかと思っていました。具体的には、民俗《みんぞく》学や人類学のように、貧困を一つの文化として捉えて、その生態系を同じ目線でまとめてみる試みをしてみたかったのです。

たとえば歴史の世界には、歴史を政治の視点から考えた史学があるのに対し、民衆の視点から考えた民俗学があります。貧困においても政治や経済の視点から見た開発学がある一方で、民衆の生活に根ざした「貧困学」ともいうべき新しい視座を打ち立ててみてはどうかと思ったのです。

とはいえ、商業出版社である光文社から出す以上は、一般《いっぱん》の書店で売れる本でなければなりません。あくまで学術書とは一線を画さなくてはならないのです。私は考えた末、予備校の授業を活字でそのまま再現したベストセラー参考書を思い出し、バーチャル講義という形で貧困を解説していったらどうかと考えました。写真やイラストを交え、口語体で貧困地域での日常を描《えが》けば、若い読者でも興味を示してくれるはずだ、と。

こうして生まれたのが『絶対貧困』という本だったのです。絶対貧困とは、世界に十二億人いるといわれている一日一ドル以下で暮らす人々のことです。彼らの日常を恋愛《れんあい》から出産、そして死までを面白おかしく口語体で紹介《しょうかい》するという形式を取ったのです。

この本は、発売してすぐに話題を呼んでベストセラーになりました。類書がなかったことに加え、ちょうど日本で孤独死《こどく》や生活保護など国内の貧困が注目されつつある時期だったのも、影響《えいきょう》したかもしれません。これによって、私はこの世界で少しは認識してもらえる立場になりました。

ただ、この作品が売れたことは、物書きとしての私の姿勢に一つの問いを投げかけてきました。これまで書いてきたものは、どちらかというと硬派《こうは》なテーマを真っ向から時間をかけて調べて書くというスタンスでした。ところが、肩の力を抜《ぬ》いて書いた『絶対貧困』の方がそれらの本よりも売れてしまったのです。

書き手にとっては、全身全霊《ぜんれい》を込めて書いた作品より、気楽に書いた本の方がヒットするという現象は、肩透《かたす》かしを食らったような気持ちになるものです。次の作品は、一作目、二作目のような形でしっかりとした作品を残したい。私の中ではそんな気持ちが膨《ふく》らんでいました。

時を前後して、私が海外ルポの集大成として取りかかっていたのが、『レンタルチャイルド——神に弄《もてあそ》ばれる貧しき子供たち』（新潮文庫）という本でした。『月刊PLAYBOY』（集英社）という数々の名作ノンフィクションを出した雑誌の編集長のTさんが、私の二作目を読んですぐに連載《れんさい》の話を持ちかけてくれたのです。

お会いしたのは、ちょうどアフリカへ旅立つ直前のことでした。神保町《じんぼうちょう》にある洋食レストランでエビフライを食べながら受けた提案は、新人にしては破格のものでした。海外ルポであるにもかかわらず、取材費を負担してくれて、さらに毎月グラビアをつかった記事にしてくれるというのです。しかも、当時もっとも勢いのあったノンフィクション作家佐《さ》野眞一《のしんいち》さんが連載している枠《わく》を引き継《つ》ぐとのこと。

私は嬉《うれ》しいというより、絶対に失敗できない大型企画を任されたという気持ちで背筋が張りつめる思いでした。これまでは自分で取材費を工面して描き下ろしを書いていたため、本が売れなければ自分にはね返ってくるだけのことでした。自己責任ということで済んでいたのです。

しかし、大きな雑誌に多額の取材費や原稿料《げんこう》をもらって佐野眞一さんの後に書くということは、雑誌においてもそれなりの作品を発表しなければならないということです。雑誌の読者の期待に応《こた》え、人気アンケートでもしっかりした数字を残す必要がある。つまらないものを書けば、雑誌全体の人気低迷にもつながってしまいます。「新進作家」と認められて連載枠をもらうということは、何よりプロとして結果を出さなければならない世界に放り込まれることを意味しているのです。

『月刊PLAYBOY』で何をテーマとして連載をはじめるべきか。すぐに思いついたのは、『物乞《こ》う仏陀《ぶっだ》』の旅以来ずっと気になっており、折を見ては追いかけてきたテーマでした。インドのムンバイの路上で暮らすあるストリートチルドレンたちの数年間の人生を描きたいと思ったのです。

このテーマとの出会いは、『物乞う仏陀』の旅でインドを訪れたことでした。経済成長著しいこの国の都市には、十万人を超《こ》す路上生活者がいるとされており、私はチェンナイとムンバイを中心にして路上に暮らす物乞《ものご》いの実態を調べることにしていたのです。

町を訪れてすぐに、ある物乞いの集団に目を留めました。駅前や寺の入り口で、六十、七十代の女性たちが乳飲み子ほどの幼い子供を抱《だ》きしめて、通りかかる人々に「この子のためにミルク代をください」と訴《うった》えているのです。「このままではこの子は餓《が》死《し》してしまうので助けてください」と。だいたい五人から十人ぐらいのグループになっていました。

それまでアジア各国の物乞いを見てきた私は、一目見てこのグループに違《い》和《わ》感を覚えました。六十、七十代の女性が赤子を産める可能性はかなり低いはずです。おそらく彼女《かのじょ》たちは別の女性が産んだ赤子を手に入れて、それを自分の子供として見せて物乞いをしているのでしょう。一人、二人ならともかく、いくつものグループがいたるところでそうしているのはあまりにおかしい。彼女たちはどこから赤子を手に入れているのか。

私は気になり、さらに調べていきました。周辺の物乞いや白髪《しらが》の女性たちにお金をつかませて、情報をかき集めたのです。それでわかったのは、驚《おどろ》くべき事実でした。先ほど少しだけ書きましたが、地元のマフィアが盗《ぬす》んできた赤子を彼女たちに「物乞いの道具」として有償《ゆうしょう》で貸し出しているというのです。

どういうことでしょうか。

ムンバイやチェンナイといった大都市には、膨大《ぼうだい》な数の物乞いがあふれています。貧しい大人が普通《ふつう》に路上にすわり込んで喜捨を求めたところで、十分な額の施《ほどこ》しを手に入れられることはありません。障害があるとか、乳飲み子を抱《かか》えているといった同情を集める何かしらの要素がなければ食べていくことができないのです。

マフィアはそうした状況《じょうきょう》に目をつけ、路上や病院から赤子を誘拐《ゆうかい》してきて、いくばくかの金と引き換《か》えに貸し出していました。赤子のレンタルビジネスです。白髪の女性たちは、マフィアからこうした赤子を借り受け、あたかも自分の子供のように布にくるんで抱きしめ、通りかかる人々に見せては施しを求めていたのです。赤子を抱いているのといないのとでは、売り上げにして一食分ほどの違《ちが》いがあるとのことでした。

これを教えてくれた人物の一人は、マフィアによって貸し出されている赤子を「レンタルチャイルド」と呼んでいました。おそらく彼《かれ》の造語だったはずですが、その言葉を聞いて、貧困が生み出す悲劇の果てに行きついたような気持ちになりました。

私はこのことを『物乞う仏陀』の最終話として書きました。結果、大きな反響《はんきょう》を呼び、「どうにかならないのか」「もっとこの問題を広く知らしめるべきではないか」というご意見を読者の方々からいただきました。私自身もつよくそう思っており、その後もずっとマフィアによって貸し出されていた子供たちのことが気になっていました。他の体験は活字にした時点で一つの役割を果たせた気持ちになれたのですが、レンタルチャイルドについてはそうならなかった。それで、私は折を見てはムンバイへ飛び、追加取材をつづけていました。

『月刊PLAYBOY』の連載の話をもらった時、真っ先にこのテーマで書きたいと言ったのには、こうした背景があったからです。最初の大きな仕事として勝負をかけるならこのテーマしかない。私がそう言ったところ、T編集長は熱意を理解してくれ、了承《りょうしょう》してくれました。こうして連載がはじまったのです。

レンタルチャイルドに関しては何年もつづけて調べていたので、記憶《きおく》に残っていることは数多くあります。細かな内容については著書『レンタルチャイルド』を読んでいただきたいと思いますが、その中から私が衝撃《しょうげき》を受けたことの一つをご紹介しましょう。

マフィアは、さらってきた複数の子供を「レンタルチャイルド」として棲家《すみか》に監禁《かんきん》して貸し出します。しかし数年経《た》てば、赤子たちは大きくなり、歩きだしてしゃべるようになります。こうなると、白髪の女性たちが抱いていたところで、赤子ほど同情を集められなくなる。つまり、子供は「レンタルチャイルド」としての価値が落ちるのです。

そこでマフィアは、子供たち自身に物乞いをやらせてお金を稼《かせ》がせようとします。とはいえ、大都市には幼稚園《ようちえん》児や小学生ぐらいのストリートチルドレンは数えきれないほどいるので、普通に物乞いをしていても大金を手に入れるのは難しい。マフィアはその子たちがより同情されて施しをもらえるようにするため、彼らの目をつぶしたり、手足を切断したりします。人工的に障害児にするのです。

マフィアたちは、この障害児をこれまで同様に棲家に住まわせていました。毎朝車で人通りの多い商店街に連れて行って一日中物乞いをさせて、夕方になれば連れて帰る。子供たちが集めたお金はすべて徴収《ちょうしゅう》します。

私は協力してくれるマフィアにお金をつんで、この実態をどんどん探っていきました。

マフィアとて生活に苦しんでいる者がほとんどで、日本円にして数千円ないし数万円の金を払《はら》いさえすれば、簡単に口を割ってくれるのです。彼らの手口はインドでは度々ニュースになるほど広く知れわたっているので、日本人に改めて知られても自分たちの生活に直接の害はないという計算もあったのかもしれません。私はマフィアの棲家に出入りさせてもらうまでになりました。

この棲家には、障害児となったレンタルチャイルドがたくさん住まわされていました。一つの部屋に押《お》し込められるようにして暮らしているのです。ある日、私はマフィアが稼ぎの悪かった子供に対して暴力をふるっているのを目撃《もくげき》しました。怒鳴《どな》られたり、殴《なぐ》られたりしているのです。私はたまらなくなり、その場にいたお手伝いの女性にいいました。

「あのマフィアを追い出すことはできないのか。こんな幼い子供たちが彼らの気まぐれで障害児にさせられたり、いじめられたりすることが許せない」

私はマフィア以外の全員が同調してくれるはずと思っていました。ここを逃《に》げだして平和に暮らしたがっているにちがいない、と。

それを聞いた子供たちが反論してきたのです。彼らは真剣《しんけん》な表情をしてこういいました。

「パパ（マフィア）のことを悪くいわないで。良い人だよ。彼が僕《ぼく》の目をつぶしたのは、僕が悪い子だったからだ。今怒《おこ》られたのだって僕がちゃんとお金を稼げなかったから。だから、パパの悪口をいわないで」

こともあろうに、子供の方が自主的にマフィアをかばったのです。なぜ自分の目をつぶしたマフィアを「良い人」だなんていえるのでしょう。それを尋《たず》ねたところ、その子は答えました。

「だって、ちゃんと遊んでくれるもん。ご飯も食べさせてくれる。とっても良い人だよ」

私はそれを聞いて重大なことに気がつきました。この子は生まれながらにして親と離《はな》ればなれになり、街角でずっと物乞いをして生きてきたのです。町の人々からは「薄汚《うすぎたな》い物乞いの子供」としか見られてきませんでした。

子供たちだって人間ですから、自分と仲良くしてくれる人を求めます。普通に話をしたいと思うし、遊びたいと思うし、甘えたいと思う。心は、日本の幼稚園児や小学生と同じなのです。

そんな彼らにとって唯一《ゆいいつ》傍《そば》にいて接してくれる大人がマフィアなのです。マフィアはお金を稼げば褒《ほ》めてくれるし、一緒《いっしょ》にご飯を食べてくれるし、機嫌《きげん》がいい時は遊んでくれることもある。彼らにとってマフィアが父親なのです。いや、他に接してくれる大人がいないという意味において、父親以上の貴重な存在であるといえるかもしれません。

彼らがマフィアを「良い人」と思っている背景にはそうした現実があったのです。

小さな神様の発見

インドを離れてからも、私はレンタルチャイルドが発した言葉がずっと胸に引っかかっていました。これまで『物乞う仏陀』や『神の棄てた裸体』の旅で巡《めぐ》り合ってきた人々と、通底《つうてい》する何かがあの言葉にあるような気がしてならなかったのです。私はずっとその接点が何かを考えつづけました。

ある日、ふとその答えが思い浮《う》かびました。道を歩いている最中、こんな考えが脳裏を過《よぎ》ったのです。

「彼らは、自分の中に神様のようなものを生み出して、それに身を委《ゆだ》ねて生きているのではないだろうか」

前章の最後で、私は、貧困地帯で生を受けた人々は真っ暗な闇《やみ》の中で光を求めて必死に生きているという趣旨《しゅし》のことを書きました。

貧困地域の闇は非常に深いものです。レンタルチャイルドであれば、その子は障害を一生背負っていかなければならないし、物乞いとして世間から冷たい眼差《まなざ》しを向けられる。親も兄弟もいないという現実もある。どれか一つとっても多くの人間には耐《た》えられないほどの重さを持っています。

こうした悲劇の中でも、人間は生きるために光を見出《みいだ》そうとします。光があるからこそ初めて絶望に打ちひしがれていても生きていけるのです。絶望しかなければ前に歩んでいくことはできません。レンタルチャイルドの場合は、身近にいるマフィアを「良い人」と見なすことで安心を得ようとしていました。彼らと仲良くしようとするし、褒めてもらおうとするし、遊び相手になってもらおうとする。マフィアを心の拠り所《よどころ》としているのです。

これまでの旅で出会った人たちも同じでした。たとえば『神の棄てた裸体』の旅でヨルダンのナイトクラブで会ったイラク人売春婦は男性客を不安に怯《おび》える自分を支えてくれる大切な人と見なしていたし、バングラデシュの公園で暮らしていた少女は変質者の男性を一緒にいてやさしくしてくれる大人と見なしていた。みんなそれぞれ闇の中で何かしら心の拠り所をつくり上げ、それにすがりつきながらがむしゃらに生きていたのです。

人間は絶望の底につき落とされた時、懸命《けんめい》に光を見出そうとします。それは、救いを求める人が神にすがる行為《こうい》に通じるものがあります。そういう意味においては、貧困に生きる人々が苦しみの果てで生み出すのは神様のようなものだといえるはずなのです。

もちろん、ここでいうのはイエス＝キリストやお釈迦《しゃか》様のような存在ではありません。教義を有する宗教における神ではない。ただ、個人にとっての救い主という意味では、同じような存在であり、私はそれを「小さな神様」と呼ぶことにしました。

このように考えてみれば、私は旅をすることで、現地の人々がつくった「小さな神様」を見せてもらってきたことになります。そしてそれを発見する度に、心が大きく揺《ゆ》さぶられてきたのです。

他の旅についても同様です。ここで「小さな神様」とは何かについてもう少しわかっていただきたいと思いますので、旅の中で出会った同じような例を挙げましょう。『アジアにこぼれた涙《なみだ》』（文春文庫）から二つほど紹介したいと思います。

〈インドネシアのミュージシャン〉

インドネシアは一万七千以上の島から成り立つ国ですが、東南アジアでも貧しい国の一つとされています。実際、都市にはスラムが点在し、繁華《はんか》街にはかならずといっていいほどストリートチルドレンの姿があります。

この国のストリートチルドレンの特色は、楽器を弾《ひ》いて施しを求めることです。単に物乞いをするのではなく、玩具《おもちゃ》のギターを弾きながらバスの中や屋台街を練り歩いてお金を集めるのです。

ストリートチルドレンたちは常に飢餓《きが》や伝染病の危険に瀕《ひん》していますが、決して意気消沈《しょうちん》しているわけではありません。街角で友達と追いかけっこをしたり、肩を組んで流行の歌をうたったりしています。私はそんな姿を見て、彼らの精神力の根本には何があるのかと不思議に思っていました。

ある日、私はひょんなことから理由を知ることになります。何人かの子供たちと話をしていたら、共通する逸話《いつわ》があることに気づいたのです。それは彼らの希望ともいうべき話でした。次のようなものです。

「この国は貧しいから、ストリートチルドレンとして育った子供は多いだろ。だけど、歌さえうまくなればお金持ちになって楽しい暮らしができるようになるんだ。昔、この町のストリートチルドレンに毎日歌をうたって上手になった人がいた。彼は路上で歌をうたって施しを求めていたところ、音楽プロデューサーにスカウトされてプロの歌手になった。瞬《また》く間に有名になり、大金持ちになった。僕もそうなりたいんだ。毎日路上でうたいつづけているのは、これが僕にとって成功する方法だからだよ。僕はあの先輩《せんぱい》のようにプロの歌手になって大金持ちになるんだ」

似たようなことを多くのストリートチルドレンが喜々として語っていました。彼らによれば、ストリートチルドレン上がりの歌手は何人もいるそうです。

きっとストリートチルドレンにとってこういう歌手は目標になっているのでしょう。彼らは学校教育を受けていないために大きくなってもまともな仕事に就けることはほとんどありません。だからこそ、プロの歌手になることを目指して毎日歌をうたいつづけているのです。

私は何人もの子供たちからこの話を聞くにつれ、「プロの歌手」というのが誰《だれ》だか気になりました。ある日、レコード販売店《はんばい》を訪れ、その歌手について尋ねてみたところ、店長はきっぱりといいました。

「そんな歌手はいないよ。ストリートチルドレンたちの妄想《もうそう》だろ。路上で育った子供は社会的な常識もなければ、麻薬《まやく》で体はボロボロになってしまっている。歌がうまくたって歌手になって成功するまでになれるわけがないよ」

私は困惑《こんわく》しました。ストリートチルドレンたちは、幻《まぼろし》をつくり上げて目標にしていたのです。

でも、考えてみれば、彼らがそのような幻をつくった気持ちもわからないではありません。ストリートチルドレンは劣悪《れつあく》な環境《かんきょう》の中で、若いうちに病気や事故で死んでいくことを余儀《よぎ》なくされます。成長して大きくなったところで、まっとうに生きていけるのは一握《ひとにぎ》りです。

だからこそ、彼らは無意識のうちに幻の歌手を思い描き、そこに希望を託《たく》したのではないでしょうか。貧困の中で育ったストリートチルドレンにも、このように成功した先輩がいるのだと考えることで、日々生きる糧《かて》にしていたということです。そう考えると、彼らにとって幻の歌手はいなくてはならない存在だったのかもしれません。

〈戦場の救い主〉

マレーシアのボルネオ島に、コタキナバルという港町があります。この町に滞在《たいざい》していた折、私は偶然《ぐうぜん》スーダン人の兄妹と知り合いました。兄は医学部を出た秀才《しゅうさい》であり、妹は精神障害を患《わずら》っていました。

二人が祖国スーダンを離れるきっかけとなったのは、ダルフール紛争《ふんそう》でした。スーダンのダルフール地方では内戦が長らくつづいており、度々世界中で報じられるほど大規模な虐殺《ぎゃくさつ》も起きていました。

そんなある日、妹が武装組織に拉致《らち》されました。彼女は武装組織の野営地に連れて行かれ、そこで性的奴隷《どれい》のような扱《あつか》いを受けることになりました。毎日昼夜の区別なく代わる代わる犯されたのです。

この妹が救助されたのは一年以上が経ってからでした。部隊内で内紛《ないふん》が起きた隙《すき》に、拉致された女性や捕虜《ほりょ》が一斉《いっせい》に逃げ出した。その際、妹も同じく拉致された女性に助けられて脱出《だっしゅつ》したそうです。

家に妹が帰ってきたのを見て、兄はあまりに変わり果てた姿に絶句しました。彼女は涎《よだれ》を垂れ流し、会話もできないほどに精神を病んでしまっていたのです。それで彼は妹を連れて祖国を離れ、知り合いを頼《たよ》ってマレーシアに辿《たど》り着いたということでした。

コタキナバルで、兄は妹にリハビリを施していました。心の闇を吐《は》き出すために絵を描《か》かせたり、静かな公園へ連れて行って気晴らしをさせたりしていたのです。私はそんな二人と何度か話をしたのですが、妹が妙《みょう》なことをいいだしたことがありました。こんな話でした。

「スーダンの故郷には、私のことを待ってくれているやさしい人がいるの。兵隊さんなの。私は彼と結婚《けっこん》するつもり。だから、国に帰りたい」

どうやら彼女を拉致監禁した武装組織の兵士と婚約《こんやく》をしているということでした。なぜ自分をつかまえてレイプをした側の男性とそんな関係になったのでしょうか。兄はその話題について詳《くわ》しく説明しようとしませんでした。

ことの真相を知ったのは、しばらく経った日のことでした。その日、私は二人が暮らしている安宿へ赴《おもむ》きました。そこで兄から妹が語る「婚約者」について教えてもらったのです。

「妹がいう婚約者というのは、たぶん実在しないと思う。もしいたとしても、精神を病んでからある兵士のことを救い主のように思い込んでしまっていただけだ。妹は兵士たちに長い間監禁されて虐待《ぎゃくたい》されたことで、心をズタズタに切り裂《さ》かれてしまった。普通なら完全に狂《くる》ってしまっていたか、自殺していたかしたはずだ。彼女はそのような状況になって、自らの気持ちを支えてくれる美談を想像でつくり上げたのかもしれない。やさしい兵士が自分を愛してくれており、みんなに隠《かく》れて食べ物や薬の差し入れをして助けてくれていると考えたのだ。それによって心のバランスをギリギリのところで保っていたのだと思う」

私はそれを聞いて妙に腑《ふ》に落ちました。兵士たちに拉致され、一年以上も性的虐待をくり返されたら、生きる気力が完全になくなるのは明らかです。だからこそ、彼女はそこに希望を見出そうとした。兵士の一人と恋《こい》に落ち、助けられ、婚約をしたという物語を思い描いたのです。それが彼女の心を支えていたのでしょう。

こう考えると、彼女にとって「婚約者」はいなければならない存在だったといえます。空想であってもそれがあることでかろうじて生きていけたのです。

この二つの話を通してわかるのは、貧困や困難の中で暮らす人々はそれぞれ胸に「小さな神様」を抱えて生きていることです。

インドネシアのストリートチルドレンは、「プロの歌手」となった先輩を思い描いて目標にしていました。スーダン出身の妹は、兵士に監禁されている際に幻の「婚約者」を空想して心の慰《なぐさ》めとしていました。両者とも、想像を絶する厳しい環境にあって、救いとなるものをつくりだし、それに支えられるようにして生きているのです。この救いとなるものが「小さな神様」なのです。

なぜ人間は希望を必要とし、しがみつくのでしょう。それは、人間がそれでも生きなければならない生き物だからです。命を受けた以上、人間はどんな境遇《きょうぐう》にあっても生存本能で生きていこうとします。しかし、絶望だけでは人間は前へ進んではいけない。そのために「小さな神様」という光をつくり上げるのです。

私は人間が時には妄想によって生み出した「小さな神様」に頼って生きようとする姿に美しさを覚えます。同じ人間だから彼らの気持ちに共感できるし、感動するし、それを活字にして人に伝えたいと思う。私が文章を書くのはそういう気持ちからなのです。

逆説的ではありますが、そういう意味では、私自身もまた過酷《かこく》な旅の中で「小さな神様」をどこかで必要とし、探しているといえるのかもしれません。

小さな神様の見つけ方

極限状態で、人間が生きるために生み出すものの象徴《しょうちょう》として「小さな神様」というキーワードを挙げました。これは私が自分の経験から考え出した概念《がいねん》ですが、ここまで読んでくださった人はその意味をわかってくださるはずです。

私は人間にとっての幸福の概念の一側面は、「小さな神様」というキーワードを得ることでわかりやすくなるものだと思います。これまでの例からもわかるように、貧困世界における「小さな神様」は決して一般的な神様のように絶対的に正しい存在ではありません。マフィア、買春客、幻の歌手、ゲリラ兵……むしろ社会悪とも言えるものであり、神様とは程遠い存在であるというい方もできるのです。

これはこれで自然のあり方です。個人の幸福とか希望といったものは、かならずしも一般社会のそれと一致《いっち》するものではありません。社会の幸福は「より多くの人たちがより良く生きられる」ことが目的となっていますが、個人の幸福は「その人個人がより良く生きられる」ことが目的となっています。両者は、辿り着く終点が違う以上、当然中身も異なってくるものなのです。

恵《めぐ》まれた環境にある人であれば、社会の幸せが自分の幸せに結びつくかもしれません。しかし、貧困社会や、突発《とっぱつ》的な不幸の渦中《かちゅう》にいる人は、わかりやすい幸せが周りにないことがほとんどです。

そこで人々は近くにあるものに光を見出そうとします。たとえそれが社会の価値観と合わないものであっても、それをもって自分を奮い立たせ、一歩ずつ前に進んでいこうとする。そうやって生み出された個人のごく小さな希望や幸福が「小さな神様」となるのです。

私は他者を見つめる際に大切なのは、相手がどんな小さな神様を抱いているかを知ることだと思います。その人にとっての希望だとか幸せだとかいったものは「小さな神様」に集約されます。それを発見することが、その人の価値観に寄り添《そ》って物事を考えることにつながる。

それでは、小さな神様を見つけるにはどうすればいいのでしょうか。決して難しいことではありません。一言で表せば、次のようになります。

「自分の文脈で勝手な価値観を押し付けるのではなく、相手の文脈で大切にしている物を探す」

その人が何を小さな神様と見立てるかには、きちんとした理由があります。何かしらの文脈で小さな神様ができ上がっているのです。従って、その文脈で考えさえすれば、ちゃんと小さな神様が何であるか、つまり何を幸せとしているかが見えてくるはずなのです。

先ほどのインドネシアのストリートチルドレンの例でいえば、ストリートチルドレンたちがどれだけ救いのない状況に置かれているか、彼らにとって音楽がどんな意味を持っているのか。そうした文脈で考えることができれば、彼らにとって「プロの歌手」となった先輩が小さな神様でなければならない理由は明確になるはずです。

もし人がこのような過程をまったく考えようとしなければ、「なぜストリートチルドレンがいもしない先輩を思い描いているのかわからない」となってしまうでしょう。そうなれば、彼らが「プロの歌手」を信じる切実さも、それに託《たく》す希望も理解できなくなる。つまり、感動が引き起こされることはありません。

私は目の前の出来事に感動できるかどうかというのは、相手にとっての「小さな神様」をしっかりと見出すことができるかどうかが大きいと思っています。もし相手にとっての「小さな神様」を見出すことができれば、その人が何を心の拠り所として生きているかがわかり、その姿により共鳴することができます。それが他者の生きる姿に感動するということにつながるのです。

むろん、私は最初からこうした視点を身につけられたわけではありません。海外の極限の環境の中でも必死に生きようとする人々の姿を何百、何千と見つづける中で、いつの間にかそう考えられるようになっていたのです。そういう意味では、旅によってこうした見方を授かったといえるでしょう。

国内ルポへの挑戦

さて、私は三十代になって『絶対貧困』『レンタルチャイルド』の二作を書き上げたことによって、海外ルポに一区切りつけた気持ちになりました。『絶対貧困』でこれまでの仕事をまとめ、『レンタルチャイルド』でずっと気になっていたことをやり遂《と》げたという思いがあったからです。作家として書きつづけていくには、ここで殻《から》を破って次のステージへ進む必要がありました。

講談社の男性編集者Iさんから連絡《れんらく》を受けたのは、二〇〇八年の秋でした。彼は私がアフリカにいて一時帰国した時に声をかけてくれ、それ以降いつか一緒に仕事をしようと言い合っていました。ただ、当時まだ週刊誌の編集部に籍《せき》を置いていて、私とまとまった仕事をする機会がなかった。

秋のある夜、私はIさんに新宿《しんじゅく》のコマ劇場で開催《かいさい》されたコンサートに呼び出されました。その後、西口の「思い出横丁」の居酒屋に連れて行かれ、唐突《とうとつ》に本題を切り出されました。

「『月刊現代』が休刊になり、新しいノンフィクション雑誌を創刊することになりました。そこで新境地となる国内ルポを書きませんか」

講談社は、四十年以上もの歴史を持つ『月刊現代』というノンフィクションの雑誌を出していました。しかし、部数の低下にともなって、毎月大きな赤字を生んでおり、ついに休刊に追い込まれたのです。

とはいえ、講談社は日本屈指《くっし》の総合出版社としての立場もあり、ノンフィクションの分野から完全に撤退《てったい》するわけにはいきません。そこで赤字を最低限に抑《おさ》えるため、独自の編集部を持たずに季刊で出す雑誌を新たに創刊しようということになったのです。

Ｉさんは週刊誌から単行本の部署に異動し、有志として編集に参加することになりました。そこで私に創刊号の執筆陣《しっぴつじん》の一人として、初めての国内ルポルタージュを書かないかと提案してくれたのです。

私もしばらく前から新しいことに取り組むのならば、日本を舞台《ぶたい》にしてルポルタージュを書かなければならないと思っていました。講談社が出す新雑誌でそれをやらせてもらえるのならばまたとない最高の機会です。私はその場で「ぜひやらせてください」と承諾《しょうだく》しました。

新雑誌は『g2』と命名され、二〇〇九年の夏に創刊されることになりました。私が作品のテーマとして選んだのは、国内のＨＩＶ感染者たちの性の世界でした。ＨＩＶ感染症《しょう》は、「死なない病気となった」といわれている一方で、毎年感染者が着実に増えています。そんなＨＩＶ感染者たちが、この日本で誰とどんなふうに結ばれ愛を育んでいるのか。

それをテーマにしたいと思ったのです。

この本を書く際にたいへん苦労したのは、インタビューに応じてくれる方を見つけ出すことでした。HIV感染者の多くは、感染のことをカミングアウトしていませんし、中にはHIVだけでなく同性愛という秘密を持っている人もいます。本に書かれれば、私生活が壊《こわ》されてしまうと考える人が大半なのです。仮名にするとか、希望にそって事実関係を一部変更《へんこう》すると説明しても、信用してくれる方は決して多くはありません。それでもテーマを決めた以上はやり遂げなければなりません。

私はIさんと手分けして、NPO、病院、ブログなどあらゆる方面からインタビューに応じてくれる人を探しました。そのかいあって少しずつ協力してくれる方が現れるようになりました。話をしてくれるという方が現れれば、日本全国どこへでも駆《か》けつけて体験談を聞きました。他の出版社に勤める、同性愛に詳しい編集者に頼《たの》んで一緒に潜入《せんにゅう》取材をしたこともありました。

HIV感染症の治療《ちりょう》法は、ある程度確立していました。体内に入り込んだHIVはどんどん増えていって、数年後にはエイズという免疫《めんえき》不全の状態に陥《おちい》ります。けれど、医師の指導のもとで複数の抗《こう》HIV薬を個人に合わせて飲むHAART療法《りょうほう》を行えば、体内のHIVを感知できないほどにまで減らすことができ、発病を抑えることができるようになっていたのです。専門医のもとで行えば、出産も可能でした。

ただ、私はこうした科学的な情報よりも、ＨＩＶ感染者たちが語ってくれる体験談に心を引き寄せられました。人間はＨＩＶに感染した途端《とたん》、もっとも大切な人を感染の危機に陥らせる危険を孕《はら》むことになります。愛を確かめることが、愛を壊すことになりかねないのです。

感染者の一人は、それを次のように表現していました。

「ＨＩＶは人間を試す病気です。人間を極限まで追い詰《つ》めて、どうなるか試すのです」

多くの人はＨＩＶに感染すると、自分を汚ない存在だと思うようになります。それによって普通の恋愛ができなくなってしまうのです。ある人は恋人を取るか家族を取るかの二者択一《たくいつ》を迫《せま》られ、ある人は愛しているからこそパートナーを切り捨てることを余儀なくされ、ある人は極度の人間不信に陥り自殺を試みる。

こうした極限の恋愛においても、人間は様々な形で光を見出そうとします。お互《たが》いの弱い部分を慰撫《いぶ》し合ったり、幻を求めることによって救いを求めたりするのです。私が魅《み》了《りょう》された体験談は数ありますが、そのうちの一つを『感染宣告――エイズウィルスに人生を変えられた人々の物語』（講談社文庫）の中からご紹介しましょう。

〈HIV感染者との恋愛〉

慎一郎《しんいちろう》という男性がいました。彼は生まれつきの血友病患者《かんじゃ》でした。

血友病とは、出血するとなかなか血が止まらなくなる病気です。普通の人は怪我《けが》をしても血が凝固《ぎょうこ》するために瘡蓋《かさぶた》となって止まるので、出血多量で死ぬことはありません。ところが、慎一郎のような血友病患者は、生まれつき血液が固まらず、一度出血すると際限なく流血がつづいて死に至ることがあるのです。

このため、血友病患者たちは定期的に輸入されていた血液凝固因子製剤《せいざい》を自己注射しなければなりませんでした。これを打てば、怪我をしたり、内出血をしたりしても、薬の効用で血液が固まって大事に至らずに済むのです。

しかし、一九八〇年代の半ば、血友病患者たちがつかっている血液凝固因子製剤（非加熱製剤）の中にHIVが混入していることが明らかになりました。国や企業は当初から危険性を把握《はあく》していたにもかかわらず、利益を優先に考えて、患者に実情をはっきりと伝えることはしませんでした。そのため、血友病患者たちはHIVの入った注射を打ちつづけ、次々とHIVに感染していったのです。これが薬害エイズ事件でした。

薬害エイズ事件によって実に、日本の血友病患者のうち四割にあたる一万八千人が

ＨＩＶに感染したといわれており、慎一郎もその一人でした。当時はＨＩＶに対する有効な治療法はなく、数年後にエイズを発病して死ぬのを待つことしかできなかった。

慎一郎は感染して数年間自宅に引きこもりました。しかし、ある時点を境に薬害エイズ事件の原告団の一員として病気であることをカミングアウトして、国と裁判で戦うことを決めます。慎一郎は病気を公表したことで二度と女性とは交際できないと思っていましたが、不思議なことにそれをきっかけにして次から次に支援《しえん》者の女性が集まってくるようになります。彼女たちの一部は慎一郎がＨＩＶ感染者であることを承知の上で、交際を求めてきました。

なぜこうしたことが起こるのでしょう。

女性の中には、様々な問題などを抱えて自分の居場所を見つけられずに孤独《こどく》を感じている人がいます。家庭内、友人関係、職場内で、誰からも必要とされず、どこにいていいのかわからないのです。誰かに存在を望まれたいと切望している。

そんな女性たちは不治の病にかかっている男性なら自分を必要としてくれるのではないかと考えます。だからこそ、その男性の傍にいて支えてあげたいと思うようになり、場合によってはそれが恋心に発展するのです。

彼女たちは不治の病だったＨＩＶに感染した慎一郎に、こういいました。

「あなたのような血友病患者は、国や政府の犠牲《ぎせい》となって不治の病であるＨＩＶにかかって死んでいくかわいそうな人たちよ。だから私はなんとかあなたを守ってあげたい。傍に寄り添い、慰め、苦しみを和らげてあげたい。だから、私と付き合って」

彼女たちの一部には、ＨＩＶという悲劇の渦中に身を投じることで、ヒロインになりたいと願う人もいたかもしれません。理解し難いかもしれませんが、それもまた人間というものなのです。

これは加絵という女性も同じでした。彼女はまだ二十代でしたが、幼い頃に両親の離婚《りこん》や再婚《さいこん》に苦しみ、また知的障害があった妹を亡くした過去がありました。彼女はその心の隙間《すきま》を埋《う》めるようにして慎一郎の恋人として一緒に暮らしはじめたのです。

加絵にとっては、慎一郎の中に自分の居場所を見つけられるのならば、ＨＩＶ感染なんて恐《おそ》ろしいものではなかったのでしょう。逆にいえば、それだけ彼女は自分の居場所を求めていたのです。

二人は両親の猛《もう》反対を押し切って同棲《どうせい》をつづけるのですが、若さゆえに二人の関係は途《と》中《ちゅう》でひび割れ、崩《くず》れていきます。やがて恋愛関係は崩壊《ほうかい》、加絵は肩を落として実家に帰ったものの、ほどなくして慎一郎の子供を妊娠《にんしん》していることが発覚します。ＨＩＶ感染者の子供を身ごもっていたのです。

彼女は妊娠の事実を誰にも告げられずに戸惑《とまど》います。病院へ行けば、パートナーがＨＩＶ感染者であることを説明しなければなりませんし、自分もＨＩＶ検査を受けなければなりません。また赤ちゃんもＨＩＶに感染しているかもしれない……。

ある日、加絵は自分一人では悩みを抱えられなくなり、親に妊娠を打ち明けます。親が慎一郎に告げると、慎一郎は慌《あわ》てて加絵のもとへ駆けつけて妊娠を確認しました。そして、相談した上で、よりをもどして結婚し、二人で子供を抱えながら一緒に生きていくことを決めたのです。

これが慎一郎と加絵の体験です。

私がこの話で驚いたのは、慎一郎がＨＩＶであることをカミングアウトした途端に女性から好かれるようになったということでした。実は、これと似た話は慎一郎だけでなく、何人もの血友病患者から聞かされました。「ＨＩＶ感染を告白した瞬間《しゅんかん》に女性に好かれるようになった」というのです。

当時は誰もが恐れる不治の病だったＨＩＶ。もちろん、コンドームをつければ感染しないとはいわれていましたが、それでも必要以上に恐れられていた時代です。なのに、なぜＨＩＶに感染したことによって、急に女性から恋愛対象と見なされたのでしょう。

加絵の場合は、明らかに自分の孤独を埋め合わせてくれる存在として慎一郎を見ていました。彼女は幼い頃から家庭の事情に悩《なや》まされており、知的障害のある妹を世話することによって自分の居場所を確保していました。知的障害のある妹に必要な存在となることに自分がいる意味を見出していたのです。

ところが、この妹が亡くなったことによって、加絵は世の中で誰にも必要とされない存在になってしまいました。きっと自分の居場所を失ったように思ったのでしょう。だからこそ、彼女はＨＩＶ感染者である慎一郎の中に自分の存在価値を見出そうとしたのです。ＨＩＶで苦しむ彼に必要とされることによって、自分の居場所を確保したい。その思いが恋愛感情へとつながっていったのです。

このような意味では、加絵は慎一郎を「小さな神様」と見立てたといえるかもしれません。彼女はどうやって生きていけばいいかわからなくなり、慎一郎に身を委ねて歩んでいくことを選んだのです。

反対に、慎一郎においても同じことだったのかもしれません。彼は不治の病にかかることによって、絶望の底に叩《たた》き落とされました。ゆえに、自分に近寄ってきた加絵を「小さな神様」と見なすことで、心の拠り所として生きていくことを選んだのです。

日本におけるＨＩＶ感染者へのインタビュー。これを通して考えさせられたのは、日本にも「小さな神様」を求める人間の姿はたくさんあるということでした。どん底にあって生きるために光を求めている人は大勢いるのです。

私は若い頃、日本は装飾《そうしょく》だらけの世界であると決めつけていましたし、三十歳になるまでなかなか足許《あしもと》である日本を見ようとしませんでした。海外でそれを追い求めることに懸命になっていたのです。あるいは、どこかで、日本で起きていることなど海外の出来事に比べれば大したことではないという思いもあったかもしれません。そういう先入観が知らず知らずのうちに日本を探求することを邪魔《じゃま》していたのです。

ところが、日本でＨＩＶ関係者から話を聞いたことで、私は自分が生まれ育った日本にも、「小さな神様」を求める人々は数えきれないほどいることを認めざるを得ませんでした。考えてみれば、かつて私が検査会社の仕事をしていた時に出会った風俗《ふうぞく》店の店長や風俗嬢《じょう》だってそうでした。店長は自殺した元妻を、風俗嬢は死んだ父親の声を「小さな神様」に見立てて生きていたのです。

私はそれを改めて思い知らされたことで、自分が生まれ育った日本と向き合いたいと思うようになりました。日本人として日本における「小さな神様」を描いてみたい、と。そうして私は新しく声をかけてくれた編集者とともに、いくつかの連載を同時にかけもちして日本を舞台としたルポルタージュを書くようになります。

そんな矢先、運命の歯車が大きく回りだします。私の前に、想像もできないほど大きなテーマが現れ、それに挑《いど》まなくてはならなくなるのです。それは、二〇一一年三月十一日に起こった日本中を震撼《しんかん》させた災害でした。私はすべての仕事をキャンセルしてその渦中に身を投じることになるのです。

第4章
Episode4

神様から物語へ

被災東日本大震災

東日本大震災《しんさい》が起きた時、私は東京の書斎《しょさい》で原稿《げんこう》を書いている最中でした。ちょうど締《し》め切りが週明けに迫《せま》っていた上、この日が『飢餓浄土《きがじょうど》』（河出文庫）という単行本の発売日で慌《あわ》ただしかったのです。

地震《じしん》を感じてすぐにかなり大きいと察し、書斎を飛び出しました。四方が本棚《ほんだな》に囲まれていたため、外の方が安全だと判断したのです。長く激しい揺《ゆ》れが収まると、突然《とつぜん》空からは季節外れの雪が降りはじめました。先ほどまで晴れていたのに、急に雲に覆《おお》われて真っ白い雪が五分ほど舞《ま》い落ちてピタリと止《や》んだのです。

私は自然が狂《くる》いはじめているような底知れぬ不安を感じながら書斎にもどりました。床《ゆか》には棚から落ちた本や割れたグラスが散乱しており、片づけをしなければなりませんでした。ため息をついて何気なくテレビをつけた時、私は映し出された映像に釘《くぎ》づけになりました。それは津波《つなみ》が陸地に押《お》し寄せてくる映像でした。自衛隊のヘリコプターが宮城《みやぎ》県の名取《なとり》市に津波が襲《おそ》いかかる光景を生中継《ちゅうけい》していたのです。

ニュースキャスターが声を裏返して叫《さけ》んでいます。

「大変危険です。沿岸部にいる方は、ただちに高台に逃《に》げてください！」

映像には、車に乗った人々が内陸に向かって逃げようとしています。しかし、すさまじい速度で襲いかかってくる津波は大量の瓦礫《がれき》とともに次々とそれを呑《の》み込《こ》んでしまう。テレビの映像では、車が津波に流される瞬間《しゅんかん》に別の場面に切り替わっていました。ディレクターが配慮《はいりょ》したのでしょう。

私はこのニュースを見てすぐに「現地に行かなくてはならない」と思いました。しかし、電話は回線が混雑していて通じず、インターネットだけがかろうじて動いている状態でした。そこで、知り合いの雑誌編集者に手当たり次第にメールを送って、被災《ひさい》地に行かせてもらえるように頼《たの》みました。一番早く返信があった出版社と仕事をしようと思っていたのです。

なぜあの時、私はすぐに被災地に行かなければならないと思ったのでしょうか。

今冷静になって考えると、理由は一つではありません。まず物書きとして日本の将来を大きく左右するであろう出来事を直接見なければならないという思いがありました。また、被災地以外のところで様々な空虚《くうきょ》な意見や議論が飛び交うにつれ、現地で起きていることをしっかりと伝えなければならないという気持ちもありました。

あるいは、書き手としての挑戦《ちょうせん》という意味合いもありました。それまで二年ほど、『感染宣告』をはじめとして日本を舞台《ぶたい》にしたルポルタージュを書いてきましたが、海外ルポほど反響《はんきょう》を呼ぶことはありませんでした。だからこそ、今この大きなテーマに挑《いど》みたいという思いもありました。

　こうしてみると、私の中でいくつもの気持ちが重なり合い、「行かなければならない」という衝動《しょうどう》に駆《か》られたといえるでしょう。それはまさに大学一年の頃《ころ》にアフガニスタン難民が物乞《ものご》いをする光景を目にして、自分の様々な文脈から「これを書かなければ！」と思ったのと同じかもしれません。私を取り囲んでいたいろんな状況《じょうきょう》から、被災地に行って物を書こうという気持ちが湧《わ》き上がったのです。

　最初に連絡《れんらく》をくれたのは、小学館の週刊誌の男性編集者Kさんでした。彼とは『絶対貧困』の出版後に声をかけてもらい、二年ぐらい前からちょくちょく仕事をする間柄《あいだがら》でした。電話回線が復旧して間もなく、Kさんは私に電話をかけてきて、次のようにいいました。

「編集長も石井さんに書かせたがっているから、すぐに被災地に行ってください」

　こうして私は小学館にいるKさんに様々な後押しを受けながら単身新幹線で新潟《にいがた》まで行き、そこからレンタカーに乗って太平洋側の宮城県へと向かったのです。

新潟県からレンタカーを借りて宮城県入りした後、私は仙台《せんだい》市内に入りました。市内のホテルの多くは営業を停止していましたが、一部のホテルだけは朝食の提供など十分なサービスができないことを前提に部屋を貸し出していたのです。私はそのホテルの一室に拠《きょ》点《てん》を置いて、沿岸部の被災地を回ることにしました。

ホテルの宿泊《しゅくはく》客の大半は、記者か、医者などの医療《いりょう》チームでした。被災者を捜《さが》しに来た家族も少しはいたかもしれません。私は毎日早朝四時にホテルを出て車で被災地を回りました。電気がすべて遮断《しゃだん》されて陽《ひ》が出ている間しか滞在《たいざい》できないため、夜明けとともに被災地にいられるようにしたのです。

初日に被災地を目にした時の光景は忘れられません。まだ重機さえ入っていないため、あたりには見渡《みわた》す限りヘドロをかぶった瓦礫が広がっていました。電柱や大木は折れてへし曲げられ、家が丸ごとひっくり返って川に落ち、船が田んぼの真ん中まで乗り上げているのです。犬や魚ばかりでなく、人間の遺体も泥《どろ》をかぶって横たわっていました。

私はこうした光景を前にして、どうしていいかわからなくなりました。あらかじめ編集部から十六ページにわたるカラーグラビアを交えたルポルタージュを書くように指示されていました。週刊誌でこれだけの分量の原稿といえば、まさに雑誌のメイン記事です。特にあれだけの災害の直後ですから、雑誌を手に取った人なら真っ先に読むでしょう。

これまでは、現地で人に話を聞きながらテーマを探すのが私の方法でした。スラム、路上、あるいは戦場であっても、その地で生きる人々との交流の中で、光のようなものを拾い上げていたのです。

たとえば、銃声《じゅうせい》が鳴り響《ひび》く内戦の最前線であっても、民家の奥に身を隠《かく》している人は恐《きょう》怖《ふ》心をふり払《はら》うためにわざと明るい歌をうたっています。路上の片隅《かたすみ》で病気で死んでいく人であっても身近な誰《だれ》かと手をつないでいます。私はこうした光を目にして感動するからこそ、それを伝えたいという衝動にかられてさらに事実を掘《ほ》り下げ、文章にするのです。それが私なりの方法論でした。

ところが、津波の被害を受けた町には、死滅《しめつ》した光景がどこまでも広がっているだけでした。家屋や人間ばかりでなく、雑草や便器すらも波にもまれながら何百メートルも流され、悪臭《あくしゅう》の漂うヘドロをかぶって粉々になって転がっていました。倒壊《とうかい》した建物の下には、人間の遺体が動物や魚のそれとともに無造作に横たわっている。津波という感情のないものだからこそ、容赦《ようしゃ》のない破壊《はかい》が万物に対して行われていたのです。

私はヘドロの臭《にお》いの漂う風景の中で、愕然《がくぜん》としました。光がどこにもないのです。あらゆるものがヘドロの色に染まってしまって闇《やみ》に閉ざされているのです。

――書くことができない。

初めてそう思いました。

私は魂《たましい》が抜《ぬ》けたようにトボトボと被災地から被災地をひたすら回りました。その過程で何体の遺体を目にしたでしょう。寝《ね》ている時はもちろん、起きている時も被災地で目にした遺体や腐臭《ふしゅう》が蘇《よみがえ》り、激しい嘔吐《おうと》感に襲われます。頭の中が死滅した風景や臭いや色に覆いつくされてしまっているのです。

――これ以上、被災地に留まっていたら、私は精神を病むだけではないか。いっそうルポの掲載《けいさい》を延期してもらって帰った方がいいかもしれない。

こんなことを思ったのは、初めての著作『物乞《こ》う仏陀《ぶっだ》』の旅以来のことでした。カラーの十六ページをどう埋《う》めていいか想像もつきません。

挫折《ざせつ》の一歩手前の私を励《はげ》ましてくれたのは、これまで一緒《いっしょ》に仕事をしてきた編集者の人たちでした。新潮社のAさんはすぐに電話をくれ、気仙沼《けせんぬま》や大船渡《おおふなと》などにいる被災した知人を紹介《しょうかい》してくれましたし、講談社のIさんは同じ会社の編集者で現地で取材を指揮している同僚《どうりょう》に連絡を取れといってくれました。河出書房新社のTさんも、私が震災取材のために数々の新刊イベントをキャンセルしたにもかかわらず、一言も文句をいわずに後押しをしてくれました。その他大勢の人たちが、他社の仕事で行っているにもかかわらず後押ししてくれたのです。

私は東京にいるそういう人たちと連絡を取りながら、こう考えるようになりました。——私は自分一人の意思ではなく、大勢の編集者の期待を受けたり、他の書き手を代表して来させてもらっているんだ。なんとかそれに応《こた》えられるものを書かなければならない。

そうこうしているうちに、被災地の状況が変わってきました。

毎朝私は陽の出とともに瓦礫の散らばる被災地に到着《とうちゃく》して瓦礫の中を歩いていたのですが、一日、二日と経《た》つにつれ、人影が目に付くようになったのです。避難《ひなん》所などに身を寄せていた被災者が、自分の住んでいた町がどうなったのか気になり、一人また一人と避難所から何キロもの道のりを歩いてきては自宅の跡地《あとち》を探しだしていたのです。

被災地に帰ってきた人々は、大きく二つのタイプに分かれました。一つが、瓦礫と化した我が家の中から写真アルバムやアクセサリーや生活必需品《ひつじゅひん》を探し出そうとする人たちです。中には食料に困って食べられる缶詰《かんづめ》などが転がっていないかどうか探している人もいました。

もう一つのタイプが、行方不明の家族や友人を捜しに来た人です。自分は間一髪《かんいっぱつ》のところで逃《のが》れることができたものの、年老いた母親や幼い我が子が行方不明になっていて、「もう生存は絶望的だけど、遺体だけはなるべく早く見つけて埋葬《まいそう》してあげたい」と思ってやって来るのです。

私は被災地を歩き回りながら、こうした人たちと接するようになりました。彼《かれ》らから声をかけてきたこともあれば、私の方から話しかけたこともありました。取材というより、お互《たが》いに胸の奥にあるものを吐露《とろ》することで少しでも心を整理して落ち着けたいという気持ちがあったのかもしれません。

こうした出会いの中で、私はいくつか印象的な体験をすることになります。『津波の墓標』（徳間文庫カレッジ）に書いた体験を二つ紹介しましょう。

〈津波の幽霊〉

ある日、私は陸前高田《りくぜんたかた》にいました。全壊《ぜんかい》した町のところどころで、自衛隊や警察などが瓦礫を掘《ほ》り起こして遺体捜索《そうさく》をしていました。

当初は次から次に見つかっている状況で、すでに掘り起こされた遺体がブルーシートにくるまれて横たえられていたこともあります。ただ、町が広大であるために、捜索隊の数は決して十分ではなく、傍《はた》から見ていて心許《こころもと》ない面もありました。

遺族たちも同じように思っていたのでしょう。彼らは自分たちでスコップや木の棒を手にしてやって来ると、自宅のあった付近や高台までの道のりの瓦礫を一生懸命《けんめい》に掘り返し、父親や息子の遺体がないか捜していました。

その日、午後六時を過ぎると被災地は闇に包まれました。遺族たちは瓦礫の破片に火をつけてたき火をし、冷え切った体を温めていました。みんな遺体が見つからず、肩を落として「見つからねえな」とか「いつになったら葬儀《そうぎ》ができるのかな」などとつぶやいている。このまま被災地を離《はな》れる気になれなかったのでしょう。私も一緒に輪に入っていたものの、口をつぐむことしかできませんでした。

しばらくして、近くに一台の軽自動車が止まりました。中から赤のダウンジャケットを着た女性が顔を出しました。たき火の周りにいる人の家族のようです。彼女《かのじょ》は大きな声でこう叫びました。

「大変なの。向こうの川辺に幽霊《ゆうれい》が出たんだってさ！　みんな集まっている。私たちも見に行こうよ！」

その場にいた遺族たちは我先にとばかりに車に乗り込んで、教えられた川に直行しました。私もついていきました。

遺族たちは川に到着すると、真っ暗なあたりを見回し、ライトを照らして幽霊を探します。「どこにいるんだかなー」とか「出てこいよー」なんてつぶやいている。

傍《そば》で見ていた私は困惑《こんわく》しました。なぜいい年齢《とし》をした大人たちが被災地の真ん中で幽霊を探しているのでしょう。そんな時、遺族の一人がこうつぶやいたのです。

「いなくなっちまったのかな。津波で死んだ人間の幽霊だったら、会いたかったのに」

これを聞いてすべてが腑《ふ》に落ちました。遺族たちは遺体を捜しても見つからないのならば、せめて幽霊となっていてもいいから会いたいと思ったのです。だから、幽霊が出たという話を聞いて、行方不明の家族が幽霊として現れたのではないかと思って駆けつけたのでしょう。

私は初めて彼らがどれだけ家族に会いたがっているかを痛切に感じた気がしました。そして同じように、幽霊が彼らの家族だったらいいのにと思いました。幽霊でいいから帰ってきてほしい、と。

しかし、川辺の闇はどこまでも深いままでした。

〈夫婦の捜索〉

海辺の被災地を歩いていた時のことでした。六十代半ばの初老の夫婦が一列になって浜辺に打ち上げられた瓦礫を一つずつ調べて歩いていました。

私はそれを見て、夫婦は肉親の遺体を捜しているのだろうと察しました。沖に流された遺体が満ち潮で浜に打ち上げられることがあります。地元の人たちはそれを知っているので、毎日潮が満ちはじめる時刻になると肉親の遺体を捜して浜辺を歩き回っていたのです。

初老の夫婦は海辺にいる私を見つけて声をかけてきました。

「すみません。自衛隊や消防隊によるこの辺一帯の遺体捜索はもう終わったのですか」

私はすでに今日の捜索は終了したことを伝えました。もう彼らは帰った後だったのです。

少し立ち話をして事情を聞いてみると、二人は娘と幼い孫が津波に呑まれてしまったので捜しているのだということでした。

旦那《だんな》さんはこう言っていました。

「もう娘も孫も生きていないと思う。あの津波に呑まれたら助からない。だから遺体が傷まないうちに見つけ出してあげたいんだ」

彼は娘と孫の死を確信し、瓦礫の下敷《したじ》きにされているなら一日でも早く発見して供養したいと考えていたのです。

ところが、奥さんはそれを聞いて夫に反論しました。

「そんなに簡単に諦《あきら》めないでください。あの子たちが生きていたらどうするのですか」

妻の方はまだ娘と孫の死を受け入れられなかったのです。しかし、旦那さんは「つまらないことを考えるな」と一喝《いっかつ》。そのまま奥さんを置き去りにして一人で先へ歩いていってしまいました。

夫がいなくなった後、奥さんは私に助けを求めるようにこういいました。

「娘は結婚《けっこん》もしたし、家庭も築いたし、それなりに充実した人生を送ったはずですから、死んだとしても仕方ないこととして諦められます。けど、孫はまだ子供なんです。何もしていない。あんな子が死ぬなんて考えられないんです。きっと、娘は自分を犠牲《ぎせい》にしてでも助けたはず。きっと孫は避難所か病院にいると思うんです」

それを聞いて、奥さんの気持ちが痛いほどわかりました。幼い孫だけは助かっていてほしい。そんな思いが、娘が命を懸《か》けて孫を守ったはずだという物語を生み出していたのでしょう。そして彼女はそれを信じることで心の支えとしていたのです。

奥さんは「信じてください」と何度も私に訴《うった》えかけてきました。夫から「もう死んだ」といわれたことがよほど悔《くや》しかったのだと思います。

私はうなずき、心の中で「そうですよね、そういう考えもありますよね」とつぶやきました。言葉で肯定《こうてい》することはできなかったのですが、彼女が娘と孫の死を受け入れられるようになるまで、その物語を大切にしてもらいたかったのです。それが彼女が今を生きていくために必要なことだと思ったのです。

震災直後の被災地は、死という絶望だけが広がる荒《あ》れ果てた場所でした。遺族たちが背を丸めて瓦礫の中を歩きつづけ、津波に呑まれた親や子供をどうにか見つけ出そうと必死になっている。私はそんな人々と出会い、言葉を交わしたことで、何を感じ取ったのでしょうか。それは、深い絶望の中でも生きていかなければならない、人間というものの悲しさや強さだったのかもしれません。

瓦礫だらけの被災地を歩き回って肉親を捜す遺族の多くが、望み通りそれを見つけられるわけではありません。遺体は沖へ流されていたり、瓦礫の底に埋もれていたり、ヘドロをかぶって見分けがつかなくなっており、家族であっても肉眼で特定することは非常に難しいのです。

遺族は捜し回りながらも、このまま永遠に遺体を発見できないのだろうかという絶望に打ちひしがれます。ともすれば、精神が折れてしまうかもしれません。彼らがそんな状態でなんとか踏《ふ》みとどまれたのは、それぞれの心の中に救いとなる光を見出《みいだ》したからでしょう。

先述した例であれば、川辺に現れたという幽霊を「小さな神様」として受け止めています。幽霊は死んだ息子に違《ちが》いない。息子が幽霊になって会いに来てくれたのだと考えて探しに行ったのです。もしそこで息子の幽霊に会えなかったとしても、息子は幽霊となって現れてくれるにちがいないと思うからこそ、折れそうな気持ちを支えられているのです。ただ私はこの「小さな神様」とは別に、被災地でもう一つ重要なことを発見しました。それは人間が大切にしなければならない「小さな物語」です。それを示しているのが、「夫婦の捜索」と題して紹介した話です。

浜辺で出会った初老の夫婦の妻は、娘と孫が行方不明になり、毎日捜し回ったものの見つけ出すことができませんでした。浜辺に行ったところで、瓦礫しか転がっていないのです。彼女は途方《とほう》に暮れ、どうしていいかわからなくなったにちがいありません。しかし、それでもこれから先十年も二十年も生きていかなければならない。

そんな時、彼女は自分の中でくじけそうな心を次のような物語を思い描《えが》いて奮い立たせていたのです。

「私の娘は死んだかもしれない。しかし、娘なら命を懸けて幼い孫を助けたにちがいない。孫は病院かどこかに運ばれて生きているはずだ」

この考えには根拠《こんきょ》がありません。しかし、彼女はそうした物語を信じることで、壊滅《かいめつ》した町でもう一度生きていこうとしているのです。

もちろん、彼女はいつかどこかで娘や孫の死を受け入れなければならなくなるはずです。ただ、いつそれができるかというのは、人によって大きな差があります。夫のように早く認めて次へ切り替えたいという人もいれば、彼女のように時間をかけてゆっくりと受け入れなければならない人もいる。

本来は人々がそれぞれのペースでそれをしていくべきものです。ただ、東日本大震災のような大きな出来事が起こると、これをしなければならない、あれをしなければならないといったことが怒濤《どとう》のように押し寄せてきます。

その流れの中で人が自分を守るには、「小さな物語」をつくってしがみつくしかありません。この妻のケースであれば、娘と孫の死を同時に受け入れることができないのならば、「小さな物語」によって最初に娘の死だけを受け入れればいいのです。たとえ真実でなくとも、孫の生存に対する希望が必要な時があるのです。それを信じなければ、前に進んでいくことができない状況も人間にはあるのです。

被災地に滞在している間、こうした「小さな物語」にそこかしこで出会うことになりました。もう一つの例として、こんなこともありました。

〈消防団員の妻〉

岩手《いわて》県の沿岸の町に、六十代の消防団員がいました。すでに職場を定年退職し、消防団の幹部の任に就いていたのです。

大震災が起きた直後、彼はすぐさま海の近くにある消防署へ駆けつけました。消防団の責任者として緊急時には避難民の誘導《ゆうどう》などで指揮を執《と》らなければならないことになっていたのです。彼は消防署の前に関係者とともに集まり、情報交換《こうかん》をしていました。電話回線が遮断され、停電になったことで、津波の情報が正確に入ってこなかったのです。

消防署の前では、十分かそこら話をしていたはずです。しかし、同僚がふと気がつくと、いつの間にか彼が車とともにいなくなっていました。こんな時にどこへ行ったのでしょう。津波が襲いかかってきたのは、その直後のことでした。いきなり通りの向こうから黒い波が瓦礫とともに押し寄せてきたのです。

「逃げろ！　津波が来たぞ！」

消防署の前にいた関係者は一斉《いっせい》にビルの階段を駆け上がりました。津波はどんどんせり上がってきましたが、二階で止まりました。そのため、三階まで駆け上がった関係者は間一髪流されずに済んだのです。

しかし、津波の直前、車でどこかへ行った幹部の行方はわかりませんでした。もし通りを車で走っていたのだとしたら波に呑まれてしまったにちがいありません。案の定、彼はそのまま行方不明になってしまいました。そして、春になって商店街の被災した店から車ごと遺体が発見されたのです。

消防関係者は、彼の死を知り、次のようにいいました。

「彼はきっと町を守ろうとして水門を閉めに行ったんだ。その途中《とちゅう》で津波に巻き込まれて死んでしまったにちがいない。あれは殉死《じゅんし》だよ」

私も最初のうちは、きっとそうなのだろうと納得していました。しかし、後日私は彼の家を訪れ、生き残った奥さんに話を聞きました。喪服《もふく》を着た奥さんは私を家に招き入れ、自分の思いを打ち明けてくれました。彼女は真っ直ぐに私の方を見てこういったのです。

「私は、夫が家にいた私を心配してもどってこようとして被災したのだと思っています。夫は私を助けようとして命を落としたのだと考えたいのです」

消防団員からすれば、「町のために死んだ」と考えた方が死を受け入れやすいはずです。しかし、奥さんからすればそう考えるより、「自分を助けようとして死んだのだ」と思った方がどこかで納得できる。「小さな物語」が落とし所となって前を向くことができるようになるのです。

――夫は町のために死んだのではない。自分を助けるために家に帰ろうとして流されてしまったんだ。

私は彼女がそう自分に言い聞かせながら生きていこうとする姿を見て、こみ上げてくる感情を抑《おさ》えきれなくなりました。彼女にとってこの物語がどれだけ大切なものであるのか。それは闇に閉ざされた海に灯《とも》る灯台のようなものです。この光があるからこそ、彼女は闇の中を進んでいけるのです。

被災地に赴《おもむ》いた私が目を留めるべきだと思ったのは、こうした人間の姿でした。彼らがどんな状況で、どんな思いで、「小さな物語」にすがりついてまで生きていこうとしているのか。それを描くことが、犠牲となった人々の真実を伝えることになると考えたのです。

良心によって人は支えられている

ふり返ってみれば、これまで私はその土地で暮らしている人々が生きていくのに必要としているものを見つけ出し、その尊さを描いてきた気がします。「小さな神様」にせよ、「小さな物語」にせよ、共通するのはその人にとって「なくてはならない大切なもの」ということです。

普通《ふつう》の人からすれば、それらは甚《はなは》だ滑稽《こっけい》であり、どうでもいいものなのかもしれません。しかし、本人は一般的な理屈《りくつ》を通り越《こ》したところでそれを大切にし、そっと抱《かか》えるようにして生きている。私はそうした姿を目にして感動し、応援《おうえん》し、力になりたいと思ったからこそ、活字にしようとしたのです。

　では、なぜ第三者が「小さな神様」や「小さな物語」を知る必要があるのでしょう。つまり、私が伝える意味は何なのでしょうか。端的《たんてき》に答えれば、次のようになります。

「第三者が認めることで初めて、『小さな神様』や『小さな物語』は、それを必要とする人々の胸の中で生きつづけるものである」

　どういうことでしょうか。これを実感したのが、『遺体』の執筆《しっぴつ》のため、岩手県釜石《かまいし》市を中心に震災関係者の元を訪れていた際のことでした。

　釜石市では、内陸の町に設置された遺体安置所のことを調べていました。震災の直後、すでに廃校《はいこう》となっていた釜石第二中学校の体育館が遺体安置所に指定され、そこに毎日何十体という遺体が運び込まれていたのです。私はそこでどんな人々がどんな思いで働いているかを調べていたのです。

　遺体安置所で働いていたのは、県から派遣された警察官だけでなく、地元の開業医や市の職員もたくさんいました。被害があまりに甚大《じんだい》だったため、警察だけでは対応することができず、地元の医師や歯科医に遺体の検案を依頼《いらい》したり、市の職員に遺体の搬送《はんそう》や身元確認の補助をしてもらったりしていたのです。

彼らは普段《ふだん》遺体と接することなどない人たちです。触《さわ》るのも初めてという人もいたかもしれません。それでもこの大災害の前では、次々と見つかる遺体に対して一人ひとりができることをするしかなかったのです。

遺体安置所では、見つかった遺体を安置することの他に、身元確認も行われます。遺体は波にもまれる中で衣服や所持品が失われ、誰かがわからず、機械的につけられた番号で呼ばれています。遺族はこれらの遺体を肉眼で調べることで、肉親かどうかを確かめなければならないのです。

この作業ほど痛ましいものはありません。体育館の床には、ブルーシートにくるまれたり、納体袋《のうたいぶくろ》に入れられたりした遺体が足の踏み場もないほどに並べられています。体育館は電気がついておらず、凍《こご》えるような寒さが張りつめ、遺体に付着したヘドロの異臭《いしゅう》が充満している。

遺族はそこから肉親の遺体を見つけます。顔は赤黒く変色し、死後硬直《こうちょく》で固まっている。遺族は周囲の目も憚《はばか》ることなく、「なんでここにいるの！」と泣き叫んだり、力尽《つ》きたようにその場にうずくまったりします。また、毎日我が子の元にやって来ては棺《ひつぎ》の前にすわり込んで嗚咽《おえつ》している母親もいました。誰もが肉親が津波によって突然命を奪《うば》われたことを受け入れられないでいるのです。

ある日、この遺体安置所に、地元に暮らす七十歳の千葉淳《ちばあつし》さんという男性が現れます。数年前まで地元の葬儀社で働いており、退職した後は民生委員として町のお年寄りの支援《しえん》をしていました。震災があった時、彼は内陸部にいたため、後から津波が来たと聞いて近所の遺体安置所に駆けつけたのです。

千葉さんは遺体安置所の悲惨《ひさん》な光景を目の当たりにして動揺《どうよう》します。遺族がそこかしこで泣き崩《くず》れているのに、市の職員はどうしていいかわからずに狼狽《ろうばい》しているだけなのです。千葉さんはとっさにこう思いました。

「自分がこの遺体安置所で働いて、遺族たちの悲しみを支えてあげよう」

そしてその足で市長の所へ行き、自ら遺体安置所の管理人として働きたいと申し出ます。そして約二カ月間、遺体と遺族との架《か》け橋となって働くのです。

千葉さんは毎朝五時半に遺体安置所へ赴くと、並べられた遺体一体ずつに声をかけて回りました。「寒かったろ、今日こそお父さんとお母さんが迎《むか》えに来てくれるからね」とか「もうすぐ火葬《かそう》の順番が回ってくるよ。そしたら天国に行くんだよ」と言うのです。

遺体に声をかけるのは、遺体を「もの」でなく、「人間」として扱《あつか》うためでした。体育館には百体以上の遺体がほとんど無造作に並べられており、身元が不明のものについては番号がふってあるだけ。職員も遺族も番号で呼ぶしかありません。

しかし、千葉さんはそれを少しでも人間らしく扱ってあげたいと思っていた。人間としての尊厳を守るのが自分の役割だ、と。だから、彼らが生きていた時と同じように、やさしく言葉をかけ、髪《かみ》をとかし、硬直している体をさすってあげたりしていたのです。

これは遺族にとって非常に大きな行為《こうい》でした。もし彼らが遺体安置所で自分の肉親の遺体が番号で呼ばれ、「もの」として扱われていたらどう感じるでしょうか。ほとんどの遺族がそれを嫌《いや》がり、千葉さんがしていたように丁寧《ていねい》に声をかけ、手をかけてくれることを望むはずです。

また、千葉さんは遺体にすがって泣く家族にも積極的に声をかけました。

ある日、生まれたばかりの赤ちゃんが遺体として運ばれてきました。母親とともに家にいた時に津波が襲いかかってきて流されてしまったのです。母親は奇跡《きせき》的に助かったのですが、赤ちゃんは流されて死んでしまった。

ご両親は毎日赤ちゃんの遺体の元へやって来ました。お母さんは赤ちゃんの遺体に向かって助けられなかったことを泣いて謝っていました。

「あなたを救ってあげられなくてごめんなさい」と何度もくり返しました。悔《く》やんでも悔やみきれなかったのでしょう。

千葉さんはそんなお母さんを目にすると、そっと傍に寄っていきました。そして赤ちゃんの遺体に対してこう語りかけたのです。

「坊《ぼう》やは、ママのことを恨《うら》んでなんかいないよな。ママは必死で守ろうとしたんだよ。自分を犠牲にしてでも助けたいと思ったんだけど、どうしてもダメだった。良い子だからわかるよね。こんなやさしいママに恵《めぐ》まれて良かったな。また生まれ変わってママに会いに来るんだぞ」

お母さんはその言葉を聞いて、どんなに慰《なぐさ》められたでしょうか。千葉さんの声は真っ暗な闇の中に射《さ》す光のようだったにちがいありません。

私は遺体安置所でのことを調べながら、この千葉さんの声の温かさを痛感しました。冷たく、暗い体育館の中で、彼の言葉がこれ以上なく温かく響くのです。

なぜ千葉さんの声がそこまで温かく聞こえるのか。それは彼の言葉が、遺体安置所の遺族たちの「小さな神様」や「小さな物語」を肯定していたからではないでしょうか。彼の言葉があったからこそ、遺体は人間としての尊厳を取りもどし、遺族は悲しみに耐《た》えてもう一度この町で生きていこうと思えるようになったのです。そういう意味では、人々が胸に抱《いだ》く小さな光は、その人だけが一人で抱えるものではなく、周りにいる人たちが支えてあげて初めて成り立つものといえるのではないでしょうか。

こうしたことを踏まえ、私は極限状態にいる人たちがどんな光を思い描き生きていこうとしているかを伝えなければならないと思っています。

被災地以外にいる人たちは、遺体安置所を訪れる遺族たちが何を大切にしたいかがわかりません。

逆にいえば、それを知りさえすれば、一緒になって彼らの胸に秘めたものを肯定できるのです。

これは先に例として出した「幽霊」の話にしたって、「消防団員の夫が死んだ理由」だって同じですよね。遺族が求めているのは、「幽霊はあなたの家族かもしれないね」とか、「きっと旦那さんはあなたを助けようとして亡くなったのですよ」という一言なのです。

私は現場にいあわせることでその思いが痛いほどわかるから、なんとか伝えたいと思う。私だけでなく、より多くの人に肯定してもらいたいと思う。だからこそ、文章を書くのです。

震災後に、マスメディアから受けたインタビューでこう尋《たず》ねられたことがあります。

――あなたは、なぜ遺体安置所へ取材に行ったのですか。

それに対する私の回答は簡単です。

「そこに絶対に伝えなければならないもの、知っておかなければならないものがあるから」

これは遺体安置所であろうと、発展途上《とじょう》国の貧困地域であろうと同じです。困難に直面している人たちは、生きるために必死になって光を見つけ出そうとします。誰かがそれを肯定しなければ、その人たちは生きていけない。

私の仕事は、その光の大切さを人に伝えることなのだと思っています。

第５章

Episode5

現場に引き寄せられて

なぜ現場に行くか

ここまで、私自身の半生をふり返り、どういう経緯《けいい》で文章を書いてきたかということを記してきました。

講演会などで主催者《しゅさい》から依頼《いらい》されてこうした話をすると、かならず会場から投げかけられる質問があります。次のようなものです。

「石井さんが行っている場所は危険で怖《こわ》いところばかりです。どうしてそんなところへ自ら行こうとするのでしょうか」

客観的に考えれば、その方が私の行く場所を危険だと考える気持ちはわかります。実際日本と比べれば決して治安の良い場所ではないでしょう。

私自身、危険についてはしょっちゅう考えます。行き先によっては、万が一のことを考えて身の回りの整理を済ますことにしています。できる限り万全を期すようにはしますが、絶対に安全ということはないのです。

それでも私が現場へ赴《おもむ》くのは、作家として生きる以上はそこへ行くべきであることが明確だからです。私は家庭や組織に生きているわけではなく、あくまで作家になると決めた時点から作家として生きることを決意しています。そういう視点で考えれば、危険だから行かないとか、何かあるかもしれないからやらないとかいった選択肢《せんたくし》はなく、「作品を書くのに必要であればやる」という姿勢を貫《つらぬ》くことしか考えていません。

とはいえ、迷いが生じることもあります。特に社会の中で生きていれば、「批判されるのではないか」とか「こっちを優先したら某社《ぼうしゃ》との関係が崩《くず》れるのではないか」といった懸念《けねん》が出てくるのです。そんな時、私は判断基準の一つとして、次のような考え方をすることにしています。

「十二歳《さい》ぐらいの自分が、今の私を見たら何をしてほしいと思うだろうか」

たとえば、アジアに大勢の物乞《ものご》いがいると知ったら、子供の自分は今の私に何をしてほしいと願うでしょうか。あるいは東日本大震災《しんさい》が起きたら、子供の自分は今の私に何をしてくれというでしょうか。おそらく、子供の自分は、大人の理屈《りくつ》なんて関係なく、こう訴《うった》えてくるはずです。

「現地へ行ってやれることをやってほしい」

だからこそ、私はそこへ行くのです。

私は十二歳ぐらいの人間に自分の本を読んでもらいたいし、憧《あこが》れてもらいたい。自分が十二歳ぐらいの時に逆の立場で本をむさぼり読み、作家に憧れたからです。だからこそ、私はその価値基準に従って動きたいと思っているのです。

このようにして実際に現地へ赴いて人々と接してみると、想像もしていなかった現実が次々と見えてきます。パキスタンの路地の片隅《かたすみ》では、貧しい幼い男の子が生きていくために同じ男性に体を売っていました。インドのムンバイでは、抗争《こうそう》に破れたストリートチルドレンが頭から流血しながら、その怪我《けが》を見せて「治療《ちりょう》費をください」と物乞いをしていました。

私にとってこうした現実は、決して見過ごすことのできないことです。もしテレビや新聞で知っただけなら目をそらすことはできたでしょうが、彼《かれ》らと言葉を交わしてしまえば自分も当事者になってしまいます。そうなれば、もう外国の出来事だから仕方がないとか、自分には何もできないといって通り過ぎることはできなくなるのです。当事者になるということが、現場へ行って人とかかわりを持つということなのです。

では、現場に立って何ができるのか。

私は政治家でもなければ、国連の職員でもないし、デイリーでニュースを配信する大手メディアに勤めるジャーナリストでもない。あえていえば、本を書くことを生業《なりわい》としている作家です。

そうであれば、私は政治家や国連の職員やジャーナリストとは違《ちが》う方法で彼らと関係性を築いた上で、一対一の間柄《あいだがら》でなければ見えてこない「小さな神様」や「小さな物語」を描《えが》いて世に出すのが役割だと思っています。これもまた作家としての役割といえるでしょう。

また、同じく日本にいる時によく投げかけられる質問があります。特に若い人から尋《たず》ねられることです。次のようなものです。

「現場へ行って大変な暮らしをしている人たちを見ていて、つらいという気持ちにならないのでしょうか。自分だったら耐《た》えきれなくなって帰ってきてしまうと思います」

あまりにも苦しくて引き返したいと思ったことは何度もあります。私は非常に臆病《おくびょう》であり、多感な人間です。たぶん、みなさんが想像しているよりはるかに苦しんだり、涙《なみだ》を流したり、パニックになったりしています。

日本でもそうです。東日本大震災の直後に被災《ひさい》地の遺体安置所を回っていた頃《ころ》は、毎晩夢に亡くなった人の顔が出てきたり、服や靴《くつ》についたヘドロの臭《にお》いで被災地を思い出して嘔吐《おうと》したりしましたが、さらに自分でもおかしくなっていると思ったのは犠牲《ぎせい》者の名前や身体の特徴《とくちょう》がフラッシュバックのように頭に浮《う》かんできたことです。

遺体安置所には死亡者リストや、身元不明の遺体の特徴を書いたリストがあります。泊《と》まっていたホテルにそれらのコピーを山づみにし、資料として何十回も目を通していました。おそらくほとんど無意識のうちにそれらを記憶《きおく》してしまったのでしょう、寝《ね》ていると次々と犠牲者の名前が出てきたり、車を運転しながら身元不明の遺体の身体的特徴をつぶやいていたりするようになったのです。さすがにその時は自分でも自分が壊《こわ》れかけているのがわかりました。

書いている時は余計にそうですね。現場にいる時は、周りに人がいるし、気を紛《まぎ》らわそうと思えば外へ出ることもできます。しかし、いざ資料に囲まれて執筆《しっぴつ》をはじめると、犠牲者の恐怖《きょうふ》や遺族の悲しみをひたすら考え、言葉を駆使《くし》してそれを描かなくてはなりません。執筆の最中にわけもなく、涙が出てきたり、叫《さけ》びたくなることなどしょっちゅうでした。

おそらく、もし私が目にしてきたものが、それだけだったら最後まで調べて本を書くという作業に挫折《ざせつ》していたかもしれません。つらいという気持ちで、どこかでくじけていた可能性がある。それでも私が本を出すまでやり通せたのは、現場で見えてきたのが決して悲惨《ひさん》な光景ばかりではなかったからです。

釜石《かまいし》市の遺体安置所には、遺体に声をかけつづける管理人の千葉淳《ちばあつし》さんがいました。本には書きませんでしたが、彼は手品が得意でした。遺体安置所から離《はな》れてスーパーに併設《へいせつ》されたカフェで話をしたりしていると、近づいてきた小学生ぐらいの子供を呼んで見事な手品を披露《ひろう》して楽しませる。子供が求めれば、タネを教えたり、手品グッズをあげたりすることもあります。あるいは、切り絵が非常に上手で、震災前に制作した町の様子を描いた切り絵を周りの人たちに配ることもありました。

悲惨な状況《じょうきょう》にあって、私はこうした人間の何気ない善意や良心に心を揺《ゆ》り動かされ、救われた気持ちになりました。そしてそれに刺激《しげき》されるように、もっとこういうものを見てみたいと思ったり、なんとかこれを描いて人に伝えたいという衝動《しょうどう》に駆《か》られたりするようになるのです。

また、私は自分自身で「プロフェッショナルとしてのスイッチ」を入れている面もあると思います。悲惨なものを排除《はいじょ》して、美しいものだけを見つけたり、物事を肯定《こうてい》しようとしたりするスイッチを入れているのです。

実際に赴く現場——途上《とじょう》国のスラムや被災地の遺体安置所——には、決して善意や良心だけが満ちているわけではありません。悲しみや憎《にく》しみも渦《うず》巻いている。それに巻き込《こ》まれれば自分の精神がやられてしまう。

それで私は「プロとしてのスイッチ」を入れることで、すべてを前向きに捉《とら》え、美しいものだけを見つけ出すようにしているのです。自分自身のモードを完全に切り替えて現場に立っているのです。

これは意識してやっているというより、いつの間にか身についたことです。「物乞《こ》う仏《ぶっ》陀《だ》」の旅からはじまって、いろんな体験をし、何度も挫折したからこそ、自ずとそういうことができるようになったのではないでしょうか。

現場を背負う責任

ここまで「やらなければならない」という衝動があるから現場に行けるとか、「人間の美しさ」が見えるから現地に残りつづけられるという話をしました。次に、それをどう描くかということについて述べていきたいと思います。

私は自らの足で現場へ赴いて様々なことを見聞きすると、想像は打ち砕《くだ》かれると思っています。現場へ行かない限りは、そこで起きている状況を一面から考えてしまいがちです。たとえば、殺人事件が起きれば犯人が悪人だと考えがちですし、貧困地域を想像すれば貧しい人はかわいそうだと思いがちです。しかし、それは物事のわかりやすい一側面でしかなく、現実というのはかならず多面性を備えているものなのです。つまり、現実は、その人が抱《いだ》いている固定観念を壊すものなのです。

その例を二つほど挙げてみたいと思います。

〈ウガンダの子供兵〉

東アフリカにあるウガンダは、未《いま》だに政府軍と北部の国境地域を拠点《きょてん》とするLRA（神の抵抗《ていこう》軍）の内戦がつづいています。LRAは主に北部に多く暮らすアチョリ族の人々の中から出てきた武装勢力で、独立を叫んで政府軍と戦火を交えているのです。

武装勢力LRAは、子供兵を数多く擁《よう》していることで知られていました。彼らはLRAの兵士に脅《おど》かされ、わずか十歳前後で銃《じゅう》を持って戦わされているといわれていました。私は編集者と話し合い、このLRAにいる子供兵の悲しい現状をルポすべく、ウガンダへ飛びました。

首都カンパラから車で半日ほどかけて拠点となる町を訪れました。町自体は政府が統治して治安を保っていますが、少し離れればLRAの部隊が潜《ひそ》んでいます。私は町で内戦に詳《くわ》しいガイドを雇《やと》い、毎日LRAに焼き打ちにあった村を訪ねたり、政府軍につかまった元子供兵の捕虜《ほりょ》にインタビューをしたりしていました。

話を聞いてわかったのは、LRAの兵士たちのあまりに残忍《ざんにん》な行動でした。彼らはまず戦力を増やすために村を襲《おそ》い、食糧《しょくりょう》や金品を略奪《りゃくだつ》します。そして村人の中から子供たちを選び出し、彼らに銃を突《つ》きつけて自分の親や兄弟を殺害させます。

「この場で親の首を切れ。そうしなければ、おまえを殺すぞ」

そう脅して無理やりやらせるのです。家族を殺した子供は、村で生きていくことができません。兵士はそんな子供たちを連れ去り、部隊の兵士にするのです。家族を殺させるのは、子供を村と決別させ、殺人マシーンにするべく行う通過儀礼《ぎれい》のようなものなのです。

子供たちは部隊に入った後、全員が全員従順に兵士として生きるわけではありません。嫌《いや》になって途中《とちゅう》で逃《に》げ出したり、命令に従わなかったりすることもあります。そんな時、ゲリラ兵は見せしめのために裏切った子供たちの鼻や耳、それに唇《くちびる》を切り取ったりします。人間には見えないような容貌《ようぼう》にすることで恐怖心を植え付けるのです。

おそらくこうした事実だけ見れば、私はLRAのゲリラ兵を「鬼畜《きちく》のような兵士」として描き、彼らにつかまって兵士にさせられた子たちを「悲劇の被害者《ひがい》」として描いたはずです。でも、さらに調べていくにつれ、違う一面があることもわかってきました。

LRAの子供兵の中には、誘拐《ゆうかい》されて兵士になった子以外に、自分の意思で自ら兵士になった子もいるのです。貧しい農村で一生暮らすことが嫌になり、銃を持って略奪をして豊かな暮らしをしたいと思って入る子供、銃で人を殺して出世することがカッコイイと思って参加する子、もともと反社会的な人格を持っていて、それがエスカレートして兵士になることを望んだ子……。彼らは自ら兵士となることを志願しただけあって、誰《だれ》に命じられるまでもなく残虐行為《ざんぎゃくこうい》を行ったりします。

また、ＬＲＡの兵士に誘拐された子供も一番多感な数年間を戦争の只中《ただなか》で過ごせば、普《ふ》通《つう》の人格を持った大人に育つのは困難です。最初は嫌々ながらやっていても、途中から違《い》法《ほう》薬物を覚えたり、出世欲が膨《ふく》らんだりして、自ら虐殺《ぎゃくさつ》に加わるようになります。村から女の子をさらってきてレイプしたりすることにも罪悪感を覚えなくなります。戦争が子供たちを獣《けもの》に変えてしまうのです。そして最終的には、自分たちがやられたように村から子供をさらい、人殺しをさせ、一人前の子供兵に仕立て上げるのです。

事実、ＬＲＡに焼き討ちにあった村を訪れたところ、大人たちからこんなふうにいわれました。

「子供兵は本当に残忍だ。あいつらは人を殺すことをなんとも思わない。むしろ、得意になって殺さなくてもいい人間まで遊ぶように殺すんだ。もし戦争が終わってあいつらが帰ってきたら復讐《ふくしゅう》してやる」

私はこの言葉を聞いた時、自分が抱いていた子供兵の印象が音を立てて崩れていくのを感じました。

ウガンダに来る前、私にとって子供兵は親から無理やり引き離され、泣く泣く兵士として戦うことを余儀《よぎ》なくされる幼い子供でした。もちろん、たしかにそうした面はあります。

一方で、長年兵士として生きていく中で人間の感情を捨て去ってしまった子供もいれば、もともと兵士になりたくてなった残忍な子供もいます。これらすべてが「子供兵」の多面的な現実なのです。

これを知ってしまった私は、子供兵をどう描けばいいのかわからなくなりました。かわいそうな被害者という面だけを描けば、読者にもわかりやすいし、何より自分が一番すっきりします。

しかし、現実には進んで加害者になった面もあれば、歳月の経過とともに被害者が加害者に転換《てんかん》することもある。もし「現実」を描きたければ、そうしたことを丸ごと書かなければなりません。複雑な多面性をそのままの形で文章にするほかないのです。

〈マフィアの過去〉

もう一つ、現実の多面性を痛感した例を示しましょう。インドでレンタルチャイルドを調べていた時のことです。

私は路上にすわり込む物乞いを追っていくにつれ、マフィアによって体を傷つけられたレンタルチャイルドがいることを知りました。マフィアはレンタルチャイルドたちが大きくなっても監禁《かんきん》し、物乞いをさせて、稼《かせ》がせたお金を奪《うば》っていたのです。

最初、私はこうしたマフィアの非情な行為をいかにして告発するかを考えていました。彼らがどんな残酷《ざんこく》で悪い人間なのかを描こうとしていたのです。ところが、ある日マフィア本人から驚《おどろ》くべき話を聞くことになります。こういわれたのです。

「俺《おれ》も昔は、この子供たちと同じマフィアにつかまっていた子供だったんだよ」

つまり、マフィアもまたレンタルチャイルドだったのです。彼らはマフィアの下で育ったことで、同じ道を進んで生きていくことしかできなくなりました。それで自分がマフィアに傷つけられた経験があるにもかかわらず、大人になって同じように子供たちをさらってきて傷つけて物乞いをさせていたのです。

正直、私はこの事実を書くかどうか非常に迷いました。マフィアを絶対悪として描き、レンタルチャイルドを絶対的犠牲者として描けば、物事の構図は非常にわかりやすくなります。しかし、犠牲者が大人になって同じことをやっていたと書けば、被害者を貶《おとし》めたり、加害者を肯定したりすることになりかねません。何より私自身が怒《いか》りの矛先《ほこさき》を向ける先を失ってしまいます。

散々悩みましたが、最終的に私はマフィアが元レンタルチャイルドだったことを書きました。

つまり、絶対悪も絶対的犠牲者もいない混沌《こんとん》が世の中の現実なのだという結論を提示したのです。

なぜそうしたのでしょう。

それは私自身が感じた現実に対する責任ゆえでした。もしマフィアがレンタルチャイルドだったことを隠《かく》して絶対悪として描けば、この出来事をわかりやすく伝えることができますし、私も読者もすっきりします。

しかし、それをしてしまえば、現実の複雑さ、重さを隠蔽《いんぺい》してしまうことになる。レンタルチャイルドのような犯罪がつづく背景には、現実があまりに複雑で重く、それがほどきようのない状態になっているからです。被害者が加害者となり、また被害者を生み出す構造ができてしまっている。

こうしたことを考えた時、私はこの複雑な状態をありのままに描くことしかできなかった。そして、「私たちが向き合わなければならない現実はここまで複雑で困難なものだ」と問題提起をすることしかできなかったのです。

ウガンダとインドの例からもわかる通り、現場に飛び込んでそこで起きていることを直接目にすると、一言では表しきれない複雑な現実を目の当たりにすることになります。

現実には多面性があり、良いところもあれば、悪いところもある。グレーなところもたくさんある。それらが複雑に入り交じってほどけなくなっているからこそ、問題は問題でありつづけているのです。

現場へ行って当事者になることとは、そうした現実の重たさや複雑さを実感として知るということです。それを知ってしまった以上、加害者を簡単には非難できないし、単純に被害者を擁護《ようご》できない。それであれば現実を描くにはどうすればいいか。批判できないとか、擁護できないという複雑な現実をありのまま記すことしかできないのです。

国内のルポルタージュを書いていても、同じようなことはしょっちゅうあります。東日本大震災の時、私は被災者たちが店から金品を盗《ぬす》んだり、避難所でボランティアに対して性的ないやがらせをしたりしているのを見ました。被災者を絶対的な「善良な被害者」として捉えれば非常にわかりやすいですが、現場に行くとそういう美談だけでは済まない何かを目にすることになります。かといって、悪人であるわけではないのも事実です。

このように現実の重たさや複雑さに直面した時、どうすればいいか。

私は自分が感じたことに素直になって、重たさを重たさとして、複雑さを複雑さとして描くしかないと考えています。先ほどの言葉でいえば、一面からのみ断定することはできないということを示すしかないのです。それは非常に勇気がいるし、時には批判を受けることもあるかもしれませんが、それをすることが現実を見た人間の責任なのです。

従って、私はなるべくこの責任を果たそうとしています。誇《ほこ》りを持っていいますが、私はこれまで活字で誰かを非難したことはありませんし、これからもするつもりはありません。非難できるのは一面からのみ判断しているからだと思っています。もし現場へ行って当事者になることで多面性を認めれば、素直にそれをそのままの形で描くことしかできなくなる。重たさと複雑さを描写して問題提起して考えていくことしかできない。それを果たすのが私の責任だと思っています。

良心からの声

現場に赴いて得られる責任を背負って描くのが、ドキュメンタリー作家の仕事です。背負っているものがあるからこそ高い壁《かべ》を乗り越《こ》えて事実を掘《ほ》り下げていくことができるし、何百枚という原稿《げんこう》を書き上げることができるのです。

私は小説を書いたり、漫画《まんが》の原作を手掛《てが》けたりもしていますが、ドキュメンタリーがそれらと違うのは、書き手が実在する何かに対して背負うものがあるかどうかということだと思っています。何かしらのものを背負っている時というのは、作品に向き合う姿勢はまったく違ってきます。

では、その姿勢とはなんなのでしょう。一言で表せば、格好つけないで素の自分で取り組むということだと思います。

たとえば、『物乞う仏陀』の中で、タイのバンコクで知り合った車椅子《いす》の女性と肉体関係になったことを書いたことがあります。車椅子の女性はお金がなく、毎日路上で宝くじを売りながら暮らしていました。私は彼女《かのじょ》と知り合い、部屋に誘《さそ》われた時に、ことに及《およ》んだのですが、初めて障害のある体を目にして思わず臆《おく》してしまい、そのまま行為を中断せざるを得なくなりました。自分と彼女との間にある違いを目の当たりにしたことで、一歩を踏《ふ》み込む勇気がなくなってしまったのです。

この時の体験は私にとって恥《は》ずかしいものですし、書かずに済ませようとすれば済ませられたものでした。実際、最初の草稿《そうこう》では、その部分をはっきりと明記しませんでした。しかし、読み返したり、書き直しをしたりしているうちに、自分の中で「あの時のことを書かなくていいのか」という疑問に苛《さいな》まれるようになりました。

相手の弱い部分を書いておきながら、自分のそれは隠すことが許されるのか。それでは相手に失礼ではないか。現実としっかり向き合っていることにならないのではないか。そんな思いが沸《わ》き起こったのです。

それで私は最終的に車椅子の女性との間であったことを事細かに描写《びょうしゃ》することにしました。私にとって誰にも知られたくない恥ずかしい部分ですが、それを書かなければ現実と向き合ったことにならないという気持ちがあったからです。

このことが象徴《しょうちょう》するように、重たい現実はかならず繕《つくろ》おうとする人間を試します。もし人間が現実の前で格好つけようとすれば、「本当にそれでいいのか」「それでしっかりと取り組んだことになるのか」という問いを投げかけてきます。人間は散々悩んだ末、自らの装飾《そうしょく》をすべて捨てて素の自分で対峙《たいじ》することしかできなくなります。

ここ一年ほど、私は別の分野の異なる二人のつくり手から同じような体験を偶然《ぐうぜん》聞きました。非常に印象に残っている話ですので、ここに紹介《しょうかい》しましょう。

一人はバンドBRAHMANのボーカルであるTOSHI-LOWさんです。ある週刊誌のサイトの対談でお会いしたのですが、彼はデビューの頃から英語で歌詞を書いていました。そっちの方がかっこいいという理由だったそうです。ロックの場合は特にそうでしょう。私自身それに同意します。

ところが、TOSHI-LOWさんは東日本大震災が起きてすぐに支援《しえん》活動を行うようになりました。大勢の人々に支援をお願いし、被災地で何が起きているかを伝え、そしてその思いを音楽にしようとした。その時、彼は英語で歌をうたうことができなくなり、歌詞を日本語で書くことにしたのだそうです。これまでのスタイルである英語を捨てて、日本語を選び取ったのです。

TOSHI-LOWさんの中で何が起こったのでしょう。対談で彼は次のように話しています。

「今、日本人、この国に生きる者として直接的に言葉を響《ひび》かせたいってなったときに、日本語と格闘《かくとう》することなく、昔みたいにカッコつけて英語にしてしまったら……英語のほうがフローが乗るとか響きがいいと思うことはあるよ。でも、今それをやってしまうと、まず自分に通用しない。自分に通用しないものが、人さまに通用するわけがないじゃない」

（『週プレNEWS』二〇一三年四月十三日）

対談で私と彼が一致《いっち》したのは、「人間性を問われる」ということでした。プロのミュージシャンですから、格好つけようと思えばいくらだって格好つけることができるのです。英語でもってノリを良くしようと思えばいくらでもできる。

ですが、それは小手先の技術なのです。本当に自分が被災地で体験した衝撃《しょうげき》を歌という形にしようと思えば、そうした技術ではなく、本心のところで聞き手に訴えかけなければなりません。

そこで、彼はこれまでのスタイルである英語による歌を捨て、日本語による歌を選ばなければならなかった。格好つけるのではなく、伝えるべきものをしっかりと伝えなければならないという彼の良心がさせたことなのだと思います。

　こうしたことでもう一人ご紹介したいのが、脚本家《きゃくほんか》であり映画監督《かんとく》である君塚良一《きみづかりょういち》さんです。君塚さんといえば、映画『踊《おど》る大捜査線《そうさせん》』に代表されるようにエンターテインメント作家として知られていますが、東日本大震災を映画として残すべく挑《いど》んだのが、私が書いた『遺体』の映画化でした。

　最初にこのお話をいただいたのは、出版から一カ月後のことでした。何年か前に私の講演会に来てくださった知り合いの女優さんから連絡《れんらく》があり、ある映画監督が映画化を希望しているという話を聞かされました。それが君塚良一さんだったのです。

　十二月のとある日、新潮社の会議室で私は君塚良一さんと後にフジテレビの社長となられた亀山千広《かめやまちひろ》さんにお会いしました。映画化の話はありがたいと思うと同時に、大きな懸《け》念《ねん》もありました。遺体安置所を舞台《ぶたい》にして、働いた人も遺族も実際にいる以上、決して娯《ご》楽《らく》作品にしてはならないという気持ちがあったのです。何より、現地にいる人たちのためになるものを目指していただきたかった。そこで私は映画化にあたって一つのお願いをしました。

「来月、僕《ぼく》は釜石へ行く予定です。よろしければ、一緒《いっしょ》に現地に行ってくださいませんか。遺体安置所の関係者や遺族を紹介します。彼らと会って意見を聞いていただいてから映画化の話を進めてください」

ドキュメンタリーの制作に大切なのは、現場に行くことで責任を背負うことです。責任を背負うからこそ、初めてその人たちのために真っ直《す》ぐな姿勢で取り組むことができる。たとえ一部をドラマ化するにせよ、私はそれなしでは『遺体』の映画化は成り立たないと思っていました。

「もちろんです。すぐにでも行きたいと思います」

君塚さんはそう即答《そくとう》してくださいました。

翌月から、君塚さんは釜石に通うようになりました。私が紹介した関係者だけでなく、それ以外の人たちにも出会い、当時の話を詳しく聞いて、さらに人間関係を築いていったのです。おそらくこの過程で、君塚さんは現実の出来事を作品化するということの責任を背負ったのでしょう。映画化にあたって次のようなことを自分で決めたそうです。

「CGをつかって再現するのはやめよう」

「津波《つなみ》のシーンを入れる必要はない」

「役者に演技をさせるのはやめよう」

これは彼の良心だったのだと思います。CGをつかえば、昔の街並みなんていくらでも再現することができます。津波が押《お》し寄せて市民を呑《の》み込む映像もつくることができます。

また、役者に大げさな芝居をさせて涙を誘うこともできる。

しかし、君塚さんはしっかりと現場へ通い、人々と人間関係を築いた。映画ができたら彼らに観《み》てもらわなければならないし、その感想が直接自分のところに返ってくる。そういう状況で、彼は自分の良心に従って、もっとも得意とするはずのエンターテインメント的な技法を脇《わき》に置いて、真っ直ぐな姿勢で映画をつくり上げることを選んだのです。

私もフィクションを書いていてよく尋ねられます。

「ドキュメンタリーとフィクションの違いはなんですか。きっとフィクションの方が好き放題できることですよね」と。

もちろん、規制がないということはあります。しかし、一番重要なところはそこではない。

何度でも申し上げますが、両者の決定的な違いは、現場に対する責任を背負って作品づくりができるかどうかという点なのです。

第 6 章

Episode6

感動の波紋

読者からの反応

――人の心を揺《ゆ》さぶることができれば、それは波紋《はもん》のように広がっていく。

私はこれまでの仕事から、そのことに確信を抱《いだ》いています。作品がしっかりと読者の心に届けば、確実に感動の輪となって人から人へと広がっていって、より多くの人の心を揺り動かすのです。

実体験からいえるもう一つのことは、売れたからといって、そのぶん感動の輪が広がるわけではないということです。短時間で書いたノウハウ本が何かのきっかけでかなり売れたとしても、感動の輪を生み出すことはほとんどありません。せいぜい話題になる程度です。しかし、魂《たましい》を込《こ》めてしっかりと自分なりのベストを尽《つ》くして書いたものについては、それほど売れていなくても感動の輪として広がることがあります。

きっと商業的に成功することと、読者の胸の奥を揺さぶることが、かならずしも一致《いっち》するわけではないためでしょう。これは非常にまっとうなことだと思います。だからこそ、書き手としては真摯《しんし》に作品に向かうしかありません。

これは書き手にとっても幸せなことです。いい加減に書いたものが感動を呼び起こしたら、まじめにやるのが馬鹿《ばか》馬鹿しくなりますよね。しかし、ことこの分野においてはそうではないことが大半。それはとても幸せなことではないでしょうか。

ドキュメンタリーが生み出す感動には特色があります。感動が広がっていけば、当事者にまで直接届くという点です。しっかりとした作品は、現地で出会った当事者にいい影《えい》響《きょう》を与《あた》える。一方、そうでない場合は、当事者をトラブルに巻き込んでしまったり、立場を悪くしてしまったりする。これは書き手である作家にとって、もっとも嬉《うれ》しいことであり、同時にもっとも恐《おそ》ろしいことでもあります。

今までの私の作品で一番反応が大きかったのは『遺体』です。日本を舞《ぶ》台《たい》にしている上に、百年に一度といわれるような大災《さい》害《がい》を扱《あつか》ったこともあったでしょう。出版前の雑誌掲《けい》載《さい》時から様々な反《はん》響《きょう》がありました。

印象に残っている読者からの感想を紹《しょう》介《かい》しましょう。本を出して一カ月強が経《た》った頃《ころ》、ある女性から一通のメールが送られてきました。そこには、要約するとおおよそ次のようなことが書いてありました。

〈読者からのメール１〉

『遺体』を拝読しました。一言お礼を言いたくてメールを書きます。

私は釜石《かまいし》の出身で、あの津波《つなみ》で母を失いました。母は『遺体』に書いてあった二中の体育館である遺体安置所に運ばれ、しばらく安置されていました。

震災《しんさい》後すぐに、私は遠野《とおの》に暮らす親戚《しんせき》の家に泊《と》まらせてもらい、毎日釜石の二中まで通っていました。火葬《かそう》の間まで、母と最後のお別れをしていたのです。

その中で、一つ不思議に思っていたことがありました。毎日二中に行くたびに、母の遺体がきれいになっていくのです。顔についていた泥《どろ》がなくなり、体にかぶせられていた布がきれいになり、花が供えられるようになりました。当時は、母を失った悲しみであまり考えられなかったのですが、後になって誰《だれ》がやってくれていたのだろうとずっと気になっていました。

しばらくして、あなたが雑誌で釜石の二中のことを書いていたのを知りました。地元の友人や会社の上司が次々に私に教えてくれたのです。みんな感動して、一度読んでみるといい、と言って雑誌を置いていってくれました。ただ、最初は私は怖《こわ》いことが書いてあるような気がして手に取る気になりませんでした。

読んでみようと思ったのは何カ月かしてからでした。あなたの本が出た後、やはり友人や上司が本を持ってやって来て、こう言ったのです。

「ここには釜石の犠牲《ぎせい》者のことがしっかりと書いてある。つらい内容かもしれないけど、読めば何が起きたのかわかる。私は感動して電車の中で読みながら泣いてしまった。気が向いた時に読んでみて」

同じような意見を立て続けに数人から言われました。私は友人や上司が感動したということに安心したのと、「読めば何が起きたかわかる」という言葉が気になり、恐る恐る本を読んでみることにしたのです。

すると、本には私がまったく知らなかった遺体安置所での出来事が書かれていました。ボランティアの民生委員の方や、市の職員や、警察が、私の母を丁寧《ていねい》に見送ってくれていたということでした。

私はずっと母が一中で孤独《こどく》に安置されていたとばかり思っていました。でも、町の人たちがあれだけ熱心に送ってくださったんですね。それを知って、母はどんなにか幸せだっただろうと思いました。

無論、母が死んだのは残念です。津波への恨《うら》みもあります。だけど、町の人たちにやさしく送ってもらったのなら、少しは母も喜んでくれたのかなと思っています。

長くなってしまってすみません。『遺体』という本を通して、私が救われた気持ちになったことをお伝えしたくて、失礼ながらメールを書きました。釜石のために、あの時期にもっともつらい場所に来てくださり、ありがとうございます。

作家は、できるだけ真摯に取り組もうと考えて原稿《げんこう》に向かっています。しかし、出来上がった作品がどう読まれるかはまた別の話です。

特に東日本大震災を扱った時、もっとも気にしたのがご遺族の反応でした。私としては遺体安置所で働く人々の一途《いちず》な気持ちをひたすら描写《びょうしゃ》したつもりであり、それに対して一点も後ろめたいところはありませんでした。ここで働いていた人たちの心情は、できるだけ多くの人が知るべきだと思っていた。

他方で、もし私の文章が下手で、それがうまく伝わらなかったらどうしようという一抹《いちまつ》の不安がありました。もし意図していることとは違《ちが》う読まれ方で、遺体安置所の残酷《ざんこく》さを強調しているだけの作品だと受け止められてしまったら、ご遺族はどう思うだろうか、と。裁かれるような気持ちで気が気でありませんでした。

でも、届いたメールでは、釜石に暮らす地元の友人や会社の上司がこの本を読んで感銘《かんめい》を受け、周囲の人々に勧《すす》めていたと書いてあった。そして、実際にこの地で母親を失い、遺体安置所へ通っていた遺族までもがこの本を手に取り、メールを通して本との出会いに感謝してくれた。

私はこれを読んで初めて自分が取り組んできたことが間違《まちが》いではなかったと胸をなで下

ろしました。釜石で家族を失い、遺体安置所に毎日来ていたご遺族がこういうふうに思ってくれたのだとしたら、私がどうしても描《えが》かなければならないと思っていたことはしっかりと読者に伝えられたし、当事者もまた同じように思ってくれたのだ、と。

これはフィクションでは到底《とうてい》得られない反応ですよね。現実に基づいた話であるからこそ返ってくるものです。事実、『遺体』を発表して一年半が経ちますが、未《いま》だに感想が送られてきますし、多くは被災《ひさい》地に暮らす人たち、あるいは舞台となっている釜石市にゆかりのある人たちからです。つまり、作品に込められたものが、当事者の心にまで届いているのです。それで彼《かれ》らが本心から喜んでくれているのであれば、私は改めてやってよかったと思えます。

ただ、この作品に対する批判はいくつかありました。たとえば、年配の作家からは、釜石の出来事なのに会話が標準語で書かれていて不自然だという指摘《してき》を受けました。

しかし、遺体安置所へ実際に行けばわかるのですが、そこには県外から来た関係者や遺族も多く、きつい方言が飛び交うようなことはありません。知人同士であれば方言がつかわれることもありますが、関係者同士だと標準語、もしくはそれに近い言葉づかいで話されるのです。

また、釜石の被災しなかった土地は、マチと呼ばれる漁師町とは異なり、新日鐵《しんにってつ》の城下町が主になっているので、なまりもそこまで強くない上、人によってはつかわない人もたくさんいます。そうしたことをすべて加味した上で、私は本の中では標準語で統一するのが最良と判断したのです。

あるいは、一般《いっぱん》の人から「遺体安置所を舞台にした本を書くのは早すぎる」という指摘を受けたこともあります。そういう見方もできるでしょう。でも、逆に私が「いつになったら早くなくなるのか」という質問をしたら、その方は的確に答えられるでしょうか。三年経てばいいのでしょうか、あるいは十年経てばいいのでしょうか。

六十年以上経っても原爆《げんばく》の体験をふり返れない人だっています。一方ですぐに情報をむさぼろうとする人もいる。結局、早いか早くないかは、各々が判断すべきことであり、外部の人間が「十年経てば適切」などと決めることではありません。

私はドキュメンタリーというのは、現場にいる当事者との関係性の上でつくられるものだと思っています。第三者がなんといおうと、当事者が標準語でも不自然ではないし、むしろ広く知ってもらうためにそうするべきだと考えたのだとしたらそうするべきでしょう。

出版時期についても同様です。この時の出来事を被災地以外の地域に暮らす人々にもできる限り早く知ってもらいたいと当事者が考えていれば、そうするべきなのです。ドキュメンタリーの基準は第三者ではなく、当事者に合わせられるべきだと思うのです。それが本当の意味で、当事者のための作品なのではないでしょうか。

ともあれ、逆に作品によって私が大きく心を揺り動かされた経験もありました。『遺体』の中で生後間もなく津波で亡くなった赤ちゃんのことを書きました。すると、本の発売から三週間ぐらい経ったある日、一通のメールが届いたのです。

差出人は、Ｏさんという私と同じ年齢《ねんれい》の男性でした。初めは読者からの感想メールかと思って読みはじめたのですが、次第に体が緊張《きんちょう》で強張《こわば》ってきました。Ｏさんは、私が著作の中で書いた犠牲者の実の親だったのです。メールを要約すると、次のような内容でした。

〈読者からのメール２〉

私は津波で生後間もない赤子を失った父親です。『遺体』で書かれた釜石市に住んでいます。

著書の中に、亡くなった赤《あか》ん坊《ぼう》の描写があります。私の知る限り、あの当時二中に安置されていた赤ん坊はうちの子だけでした。また、老婆《ろうば》が赤子を抱《だ》いて遺体安置所に運んで行ったというのは、母のことだと思います。母と父が自衛隊に頼《たの》んで二中に運んでもらったのです。それで本を読んだ時、ここに書かれているのはうちの赤ん坊のことかもしれないと思ったのです。

あとがきによれば、本に登場する犠牲者についてはプライバシー保護のために仮名にしてあるとありました。でも、親として、書かれているのがうちの子かどうか知りたいという気持ちがあります。書かれて嫌《いや》だというわけではありません。もし書いてくださったのだとしたらありがたいと思っています。

どうか、本に書いてある赤ん坊がうちの子かどうかだけ教えていただけないでしょうか。


私は『遺体』の中で遺体安置所の一シーンとして津波で犠牲になった乳児のことを描いていました。生後間もない赤ちゃんのもとに、親がやって来て助けられなかったことを謝るという光景です。

赤ちゃんの年齢や、安置されていた場所や時期を考えれば、Oさんの子供に間違いないと思いました。ただ、安易に断言してしまって、万が一後で違うことがわかったら、取り返しのつかないことになります。

そこで私は版元である新潮社の編集担当Aさんに連絡《れんらく》をしました。メールを読む限り、Oさんは生まれてきてわずか数カ月の子供を亡くして悲嘆《ひたん》に暮れています。それは遺体安置所での姿でも明らかでした。Oさんのためにできることがあるのであれば、やってあげたい。それがこの本を書いた人間の責任ではないか。私はそう考えていたのです。

私は新潮社のAさんに、事情を説明した上で手分けして赤ちゃんの身元を明らかにすることにしました。市役所に同時期に見つかった零歳児《れいさい》がいないかどうかを確認したり、遺体安置所で働いていた人から再度証言を取って安置されていた位置や両親の姿を調べたりしたのです。そしてまず間違いないというところまで確かめてから、Oさんに結果をお伝えしました。

――『遺体』の中の赤子は、Oさんのお子さんだと断定できるはずです。

Oさんはそれを知って喜んでくださいました。亡くなった息子がこのような形で記録に残り、後世に何かしらのことを伝えられるのであれば、生まれてきた甲斐《かい》が少しでもあったのかもしれないという言い回しをされていました。私はご遺族にそんなふうに思ってもらえるとは考えてもいなかったので安堵《あんど》しました。

そして、そのメールのやり取りの中で、私はOさんに対して、赤ちゃんを本名に書き換《か》えますか、と提案しました。Oさんが本当に書籍《しょせき》に書かれたことを「生まれてきた甲斐」と考えてくれているのだとしたら、本名として記録した方が喜んでくれるのではないかと思ったのです。Oさんは予想以上に歓迎《かんげい》してくださり、私はAさんに頼んで増刷のタイミングで仮名を本名に換えてもらったのです。

実は、私とOさんのつながりはこれで終わりではありませんでした。さらに広がっていくのです。

最初のメールが届いてから約一カ月後、私は釜石市に講演会のために訪れました。被災した地元の書店が主催《しゅさい》した講演会に招かれ、遺体安置所で管理人として働いていた千葉さんなどを招いて当時の出来事を語ることになっていたのです。

それまで私はOさんとメールでのつながりしかありませんでしたので、釜石市に行くついでに一度会いたいと思っていました。そして講演がはじまる二時間ほど前、宿泊《しゅくはく》先の釜石ベイシティホテルの会議室にOさんご夫婦を招き、挨拶《あいさつ》をするとともに津波の体験を聞かせてもらいました。

話が一段落した時、Oさんが少しいいづらそうに切り出しました。

「実は、遺体安置所で千葉さんにお世話になったにもかかわらず、連絡先がわからずに、あれから何のお礼もいっていないのです」

遺体安置所で、Oさん夫婦は赤ちゃんが亡くなったことを悲しむだけで、他のことを考える余裕《よゆう》がなかったのです。そして火葬の順番が来て遺骨をもらってからは、遺体安置所へ行くこともありませんでした。

「遺体安置所に通っていた時、千葉さんはやさしく声をかけてくれました。子供用の棺《ひつぎ》や防腐剤《ぼうふざい》をうちの子のために特別に用意してくれたこともありました。どうしても一言お礼を伝えたいのです」

私はそれを聞いて急遽《きゅうきょ》千葉さんに連絡を取り、講演会の前にOさん夫婦に会っていただけないかと頼みました。千葉さんはすぐに赤ちゃんのことを思い出し、快く承諾《しょうだく》してくれました。

三十分ほどして千葉さんがホテルの会議室にやって来ました。私の目にはその時の光景が今も鮮明《せんめい》に焼きついています。Oさん夫婦は千葉さんの顔を見た途端《とたん》に大粒《おおつぶ》の涙《なみだ》をこぼし、両手で千葉さんの手を握《にぎ》りしめて、こういいました。

「安置所ではお世話になりました。本当にありがとうございます。会いたかったです。ずっと千葉さんに会ってお礼をいいたかったです」

嗚咽《おえつ》しながら何度も同じ言葉で感謝を伝えます。そういわずにはいられなかったのでしょう。

千葉さんもOさん夫婦を抱きしめて「つらかったね、でも、よくがんばったね。本当によくがんばったね」と涙を流していました。千葉さんもずっと赤ちゃんと両親のことを気にかけていました。あの両親はちゃんとやっていけるだろうか、どうか立ち直ってもらいたい。そう口癖《くちぐせ》のように語っていました。だからこそ、約一年を経てこうして顔を見られたことが嬉しかったに違いありません。

私は傍《かたわ》らでその光景を見ていて思わず涙が出てきました。震災の日から今まで二人がどんな気持ちで過ごしてきたかを聞いていたからです。二人が泣きながら慰《なぐさ》め合うのを目にして、人間が生きることの大変さや他者を労《いた》わることの大切さを全身で感じたのです。

この日を境に、千葉さんとOさんは時折連絡を取る仲になりました。亡くなった赤ちゃんの一年目の誕生日に、千葉さんがお土産を持ってOさんの家に行って遺影にお線香を上げたり、逆に千葉さんの誕生日にOさんがプレゼントを渡《わた》したりしたそうです。私は二人を見ながら『遺体』を書いたことで大切なものの橋渡しができたのかもしれないと思いました。

千葉さんとOさんのことは一例であり、似たようなことは他にいくつもありました。私はそうした話を聞いたり、見たりする度に、現実を描いた作品が及《およ》ぼす影響について様々なことを考えさせられました。

現実を描くというのは、当事者に計り知れない影響を与えるものです。おそらく、作品を書く時に感じる「責任」というのは、そこにあるのでしょう。責任をしっかりと背負って真摯に取り組めば、作品は思いがけない感動を当事者に対して巻き起こしていくことになります。

人と人とを結びつける。人にまったく知らなかったことを伝える。人が胸の内に大切に抱《かか》えているものを肯定《こうてい》する。人が人を思い、支えようとする……。

ドキュメンタリーをつくる醍醐味《だいごみ》の一つは、そうした感動に直接携《たずさ》わり、立ち会えることにあると確信しています。

あとがき

　ここまでドキュメンタリーをつくることについて、私の半生を織り交ぜて話をしてきました。

　考えてみれば、この仕事をするようになってから、かれこれ十年ほどが経《た》とうとしています。右も左もわからないところからはじめて、デビュー作が新人賞に落ちたり、バイクでPOPとチラシを持って書店を一人で回りつづけたりしていた頃《ころ》には考えられないことです。この一作を出版できれば死んでもいいと思ってやっていたのに、気がついたら何冊も本を出していた。最初の頃からすれば夢のようです。

　本書を読んでくださった方々ならおわかりかと思いますが、私がそうできるようになったのは自分一人の力ではありません。新人賞の選考会で落選した時に手を差し伸《の》べてくれたHさん、紀伊國屋書店の一階のスペースでパネルの展示をしてくれた小出《こいで》さん、すぐに二作目を書かないかと声をかけてくれた新潮社のAさん、震災《しんさい》後すぐに被災《ひさい》地へ行かせてくれた小学館のKさん、あるいは現地で私のインタビューに応じてくれた物乞《ものご》いやストリートチルドレンや被災者など、数えきれないぐらい大勢の方々の協力があって初めてできているのです。

どの仕事でもそうかもしれませんが、ことドキュメンタリーにおいては人間関係の大切さを強く感じます。だからこそ、私は全力で取り組まなければなりませんし、作品ごとになんのために書くのかということをしっかりと考えていかなければならないと思っています。その先にしかドキュメンタリーが存在する意義はないのです。

私はいくつもの作品を手掛《てが》けさせてもらいながら、「これほど素晴らしい仕事はない」と思ってきました。

きれいごとでいっているわけではありません。ドキュメンタリーは現実を題材にしている以上、その作品が現実世界に及《およ》ぼす影響《えいきょう》は計り知れません。感動を呼び起こせば起こすほど、つくり手の想像をはるかに上回って当事者に影響を与《あた》えたり、希望を生み出したりすることになります。

なぜそうしたことが素晴らしいのか。理由は、現実の世の中をより良いものにしていくことができるからです。

遠く貧しい国のストリートチルドレンが、生きていくためにどのような「小さな神様」を胸に抱《かか》えているのか。被災地の遺族が、家族を失った悲しみを背負ったまま前へ進んでいくために、いかなる「小さな物語」にすがりついているのか。

こうしたことを伝えるのは、取り巻く大勢の人々の視野を広げ、本当に大切にしなければならないものが何かを考えてもらう機会になります。多くの人たちが「小さな神様」や「小さな物語」をしっかりと理解した上で他者と向き合うようになれば、どれだけ人間関係は豊かになることでしょう。

あるいは、一冊の本は様々な出会いを生み出します。必死になって調べて書き上げれば、被災地でOさんと千葉《ちば》さんのような再会が起こる。そして二人がその後もお互《たが》いを労《いた》わり合う。そんなことがつみ重なって広がっていけば、どれだけ人と人とのつながりがしっかりしたものになるでしょう。

ドキュメンタリーには間違《まちが》いなく現実を変える力があります。そして、感動を呼び起こせば現実は良い方向へと変わっていく。私はそのことを堂々と素晴らしいことだと誇《ほこ》りたいと思っていますし、一人でも多くの人に知ってもらいたい。

私は特に若い人にこそ、このことを伝えたいと思っています。そう考えるようになったのは、最近若い読者がドキュメンタリーの力によって羽ばたく姿をいくつも見ることがあったからです。たとえば、書店や大学に招かれて講演をすると、かならずといっていいほど高校生や大学生の読者がやって来て次のような質問を投げかけてきます。

「海外へ行って、石井さんのようなことをやりたいと思うのですが、どうしたらいいのですか」

本を読んで同じようなことをやりたいと思ってくれているのです。しかし、勇気がないから誰《だれ》かに背中を押《お》してもらいたい。それで私のところに来るのです。

このような時、私はかならず望んでいることを今すぐに実行した方がいいということを助言します。すると、実際に行動に移した人の多くが何かしらのものを形にしていきます。ある女の子は大学卒業後にアフリカへ飛んで、念願だったカフェづくりをしました。別の女の子は良い条件の公務員を辞めてメディアの世界に飛び込んで第一線で記者として働いています。また、ある大学生の男の子は在学中に自ら出版社を立ち上げ、本づくりの夢を叶《かな》えました。

私は若い人たちがドキュメンタリーによっていろんなことに目覚めて飛び出してくれることが一番嬉《うれ》しい。ドキュメンタリーが世界を豊かにするという考え方が間違っていなかったと思えるし、社会や人間関係がどんどんいい方向へ進んでいるように思えます。書き手としてそれを生で見られるのは、これ以上ない幸せです。そして、できるうちにそうしたことを一回でも多くやりたいと思う。

こうしたことが、私の作品づくりへの衝動《しょうどう》や、世界を豊かにしたいという希望をさらに膨《ふく》らませているのです。

本書は２０１３年９月に『世界の美しさをひとつでも多く見つけたい』として、ポプラ新書より刊行したものに、ルビを加え、加筆修整し選書化したものになります。

★石井光太（いしい・こうた）

1977年東京都生まれ。日本大学藝術学部文芸学科卒業。作家。『物乞う仏陀』（文春文庫）でデビュー。国内外の文化、歴史、医療など、幅広いテーマで取材・執筆している。著書に『遺体』、『浮浪児1945—』（新潮文庫）、『原爆』（集英社）などの他、児童書に『ぼくたちはなぜ、学校へ行くのか。』、『きみが世界を変えるなら』（ポプラ社）、『みんなのチャンス』（少年写真新聞社）などがある。

未来へのトビラ
A Door to the Future

ポプラ選書　未来へのトビラ

世界の美しさをひとつでも多く見つけたい

2019年4月　第1刷発行

著者	石井光太
発行者	長谷川 均
編集	木村やえ
発行所	株式会社 ポプラ社 〒102-8519 東京都千代田区麹町4-2-6 電話 03-5877-8109(営業) 03-5877-8112(編集) 一般書事業局ホームページ www.webasta.jp
ブックデザイン	bookwall
印刷・製本	中央精版印刷株式会社

N.D.C.159/236P/19cm ISBN978-4-591-16094-7

『世界史で読み解く現代ニュース』

池上彰 Akira Ikegami
増田ユリヤ Julia Masuda

世界史は、思わぬ因果が錯綜する。それが面白い。

中東紛争の焦点となっている組織「イスラム国」とオスマン帝国、中国が主張するシーレーン戦略と永楽帝が推進した大航海。ニュースを理解するには世界史の知識が必須です。長く高校で歴史を教えてきた増田ユリヤが、世界史をわかりやすく解説し、池上彰がその世界史が、現代とどうつながっているかを解き明かします。ニュースへの理解がぐっと深まる一冊。